LIVE ECONOMY FOREIGN LANGUAGE ASSOCIATION

세계 최초 Speaking & Listening 전문 훈련 및 기능성 자격 검정

LEFA 초급 10/9급

(LEFA Basic Level 10/9)

FOREIGN LANGUAGE EVALUATION INSTITUTE

LEFA 말하기 듣기(Speaking & Listening) 학습법이란?

　영어를 말하고(speaking) 듣는(listening) 문제를 해결하려면 기능적(training) 방법으로 접근해야 함에도 불구하고 기존의 영어 학습환경은 가르치고(teaching) 배우는(learning)지식환경에서 비효율적인 방법으로 수행해 왔다. 따라서 막대한 비용을 들이고 10년 이상을 이 방법 저 방법 다 동원해 봤지만 말하고 듣는 것이 서툴기 그지없는 것이다. 더욱이 말하고(speaking) 듣는(listening) 것은 절대적으로 소리로 의미를 전달하고 소리로 의미를 파악해야 함에도 불구하고 문자를 바탕으로 하는 교과서에 의존해 왔다. 영어발음구조의 특성상 빠른 속도로 발음하면 우리가 알고 있는 문자로 표기된 발음기호대로 발음하지 않는다는 것이다. 영어의 각 단어를 발음기호에 표시된 데로 느리게 발음하는 학교 영어 선생님들의 발음을 어린 시절부터 많이 들어 왔기 때문에 빠르게 발음하는 아나운서나 Native의 발음을 알아들을 수 없는 것이다.

　이런 발음을 하는 선생님들의 발음을 들으면 들을수록 손해라는 안타까운 역설도 가능하다. 문자로 표시된 교재에 의존하여 말하고 듣는 것을 학습한 영어학습자들은 소리로 의미를 받아들이는 적응훈련이 상대적으로 더 부족하여 소리를 듣고도 머릿속으로 문자로 변환

Speaking First, Listening Second!

하여 의미를 파악하게 된다. 그런데 이 짧은 순간에 다음 문장이 지나가기 때문에 청취에 어려움을 겪게 된다. 영어 학습의 본질을 제대로 파악하여 비효율적인 지식환경을 기능 환경으로 패러다임을 바꾸고 그에 따른 효과적인 프로그램을 개발하여 훈련한다면 비용과 시간적인 면에서도 획기적인 절감의 효과를 가져 올 수 있다. 특히 **말하는 훈련은 머릿속에 암기하기 보다는 입안의 근육에 입력을 해야 습관적으로 유창하게 말할 수 있는 것이다.**

말하고 듣는 것은 전적으로 문자가 아닌 소리에 의존하고 있다. 지금까지 문자를 통해서 소리를 익히려 했기 때문에 우리나라 뿐 만아니라 외국어로서 영어를 익히는 나라의 사람들이 상대적으로 말하고 듣는 기능이 약한 것이다. 소리를 익히는 데 문자는 도움을 주는 요소가 아니라 오히려 방해가 된다는 것을 우리는 실험을 통해서 알 수가 있다. 외국어를 익히는 데 문자에 집중을 하면 소리의 기능이 뚝 떨어지는 것을 확인할 수가 있다. 소리를 익히기 위해서는 문자는 보조 수단으로만 활용해야 한다. **읽기와 쓰기는 문자로 구현하기 때문에 당연히 문자로 입력을 하여야 하지만 말하고 듣기는 소리로 구현하기 때문에 당연히 소리로 입력을 하여야만 한다.** 문자로 입력을 하고 소리로 구현하려고 하는 것은 어불성설이다. 말하고 듣는 능력을 강화하기 위해서는 소리를 효과적으로 익힐 수 있는 시스템이 필요하다.

CNN 뉴스나 Native Speaker의 발음을 아는 단어나 문장도 못 알아듣는 이유는 빠른 속도에 적응을 못하기 때문이며 학교 선생님들의 느린 발음을 너무 많이 들어 거기에 익숙해있기 때문이다. 그리고 Native들이 빠르게 발음할 때 문자나 발음 기호 대로 발음하지 않는경우가 많이 있으며 그 소리로 의미를 받아들이는 훈련이 되어 있지 않기 때문이다. 기능 환경 하에서 Native 발음과 속도를 정확하고 빠르게 따라 발음하는 훈련을 시켜 그 소리의 속도에 익숙하게 하면 아는 단어나 문장은 다 알아듣게 되어 있다.

영어의 습득과정이 지식적 측면보다는 기능적 측면이 강하다고 볼 때 모든 스포츠나 기계적인 작동처럼 얼마나 효과적으로 숙련되도록 훈련시키는가하는 방법적인 문제가 과제이다. **영어의 소리가 빠르게 발음될 때 문자로 표시되는 발음기호대로 발음되지 않고 다른 소리로 발음되는 데는 발음의 조타 점에 따른 발음의 규칙성과 기능어가 약화되어 발음되는 현상, 연음 화에 따른 소리의 변화, 유사음의 충돌과 소리의 소멸 등 일정한 규칙적인 변화패턴이 있다.** 이러한 소리의 변화 패턴들을 모아 집중적으로 훈련하면 보다 효과적으로 소리의 변화를 보다 쉽게 숙련시킬 수 있을 뿐 아니라 소리의 속도 감각을 보다 쉽게 익힐 수가 있다.

다음의 두 문장에서 발음기호식의 발음과 실제 원어민의 발음을 비교해보면 그 차이가 얼마나 큰가 하는 것을 알 수 있다.

ex1) Is your car an automatic?
〈발음기호식 발음〉 이즈 유어 카 언 오토메틱?
〈실제 빠른 Native의 발음〉 이쥬어르 카뤈 아러매리ㅋ?

ex2) He was standing in front of the gate with his sister.
〈발음기호식 발음〉 히 워즈 스탠딩 인 후런트 어브 더 게이트 위드 히즈 시스터.
〈실제 빠른 Native의 발음〉 히 워 스때닌 인ㅍ후뤄너 ㅅ더 게이트 위ㅅ디 씨스떠르.

LEFA 자격증 시스템이 구현하고 있는 3·3·3 영어 학습 방법을 적용해 보면 쉽게 실감할 수 가 있다. 3번을 읽으면 내용을 파악할 수 있고, 30번을 표준 Native의 발음으로 큰소리로 빠르고 정확하게 발음하면 소리의 속도 감각이 익혀져 어떤 영어 문장도 알아들을 수 있고, 300번 이상을 표준 Native의 발음으로 큰소리로 빠르고 정확하게 발음하면 입안의 근육이 그 발음과 문장을 유창하게 발음할 수 있도록 형성되어 유창하게 습관적으로 말 할 수 있는 것이다. 대부분의 사람들이 잘 들으면 잘 말할 수 있다고 잘못 알고 있는 이유는 이러한 사실들을 잘 모르기 때문이다. 들을 수 있는 문장을 말

Speaking First, Listening Second!

할 수 있게 하려면 10배 이상의 연습과 훈련이 필요하다. 잘 말하면 잘들을 수 있는 것은 물론이다. 대신 표준 Native의 발음과 속도로 말할 수 있어야하는 것이 전제 조건이다. 한 문장을 300번 이상 발음하려면 1시간 정도가 소요된다. 지식환경의 교실 안에서 유창하게 말할 수 있게 하는 것이 거의 불가능한 이유가 여기에 있는 것이다. 3000문장을 유창하게 말하게 하는데 소요되는 시간이 3000시간이 소요 된다는 말이다. 대부분의 언어학자들은 3000시간 이상 노출시키면 유창한 영어를 구사할 수 있다고 주장하는데 논리적으로도  상통된다. 하루에 1시간씩 훈련하면 10년이 소요된다. 이렇게 해서는 영어가 안 된다는 뜻이다. 하루에 2시간씩 하면 5년, 하루에 5시간씩 하면 2년, 하루에 10시간씩 강훈련을 하면 1년이면 유창하게 영어를 구사할 수 있다는 계산이다.

이런 상황을 어떻게 효과적으로 극복할 수 있는가 하는 문제이다. 그래서 자격증으로 이를 유도하고자 한다. 1달에 100문장 씩 익히게 하여 1 급수씩의 자격증을 부여 하는 것이다. 3년이면 3000문장. 10년을 걸려도 불가능했던 것을 3년에 영어를 극복하게 하고자 하는 것이 이 프로그램 및 자격증 개발의 근본적인 취지이다.

실제로 실험을 통해 보면 하루만에도 많은 반복을 하지 않고 머리로 영어 100문장을 암기하여 말할 수 있다. 그런데 며칠 지나면 이 문장들이 머릿속에 남아 있지 않을 뿐 만 아니라 입으로 나오지 않는 다는 것이다. 이는 기능적으로 훈련시켜 입의 근육으로 익히지 않고 머리로 암기했기 때문인 결과이다. 이러한 문장들을 지식적으로 외우지 않고 기능적으로 훈련시켜 입안의 근육에 입력시키는 방법으로 익혔다면 죽을 때까지 유창하게 말할 수 있는 것이다.

외국어를 말하고 듣는 것이 스포츠나 기계적인 작동처럼 기능적이고 습관적인 요소를 가지고 있다면 완전히 몸에 익힐 때 까지 꾸준히 반복해줄 필요가 있다. 이는 기존의 지식전수나 암기식의 방법 가지고는 불가능하다. 이것을 가장 효과적으로 가능하게 해주는 것이 바로 기능성 자격증이다. 예를 들어 자격증 10급의 100문장은 1번에서 100번까지 Test하고 9급의 200문장은 1번에서 200번까지 Test하고 1급의 1000문장은 1번에서 1000번까지 Test한다면 외국어 문장들을 시스템 내에서 반복을 시켜줄 수 있는 것이다.

소리의 기능적 습관적 요소 때문에, 통 문장으로 훈련하여 어떤 문장이 입으로 술술 나올 정도로 익혀져 있어도 상황에 따른 다른 단어나 구문이 바뀌거나 새로 삽입될 때 소리가 엉키거나 문장전체의 소리 리듬이 깨지는 것을 감안하여 **통 문장 암기 방식이 아닌 의미단위의 소리훈련을 먼저하고 이를 응용하는 학습방식을 택함으로서 소리의 엉킴을 방지하고 유창한 말하기가 가능하게 할 수 있다.**

한국 및 각국에 파견 나온 원어민 교사들은 그들이 표준 발음을 구사하는가 하는 문제, 자질의 문제, 그리고 그들을 초대하면서 발생하는 막대한 비용 등 많은 문제점을 안고 있다. 한국과 같은 작은 나라도 경상도 사투리, 전라도 사투리, 충청도 사투리 등 지역 및 계층에 따라 표준어의 문제점을 갖고 있다. 하물며 **영어권의 광범위한 지역에서 온 원어민 강사들이 모두 표준 발음과 언어를 구사하리라고 기대하기는 지극히 어렵다.** '방송국의 아나운서가 가장 훌륭한 발음 선생님이다.'라는 말이 있다. 표준 발음에 의한 새로운 학습프로그램을개발, 보급하여 훈련시킨다면 이러한 원어민 강사들의 많은 문제점을 해결할 수 있다.

이처럼 소리를 가장 효율적으로 익히기 위해서, 지식이 아닌 기능 환경 하에서 외국어를

Speaking First, Listening Second!

습득할 수 있는 가장 효과적인 방법은 자격증을 활용하는 것이다. 그런데 전 세계적으로 Toefl, Toeic, Teps, G-telp, Ielts 등 지식이나 결과 측정용 자격증은 난무하고 있지만 우리나라 고유의 태권도나 주산과 같은 과정 및 기능성 측정을 위한 외국어 자격증이 없는 것이 현실이다.

　따라서 **외국어의 훈련 및 기능성 자격증을 개발하여 시행함으로서 저비용 고효율의 외국어 학습을 가능하게 할 뿐 만아니라 외국어 교육의 많은 문제점을 해결하고 외국어 능력 제고를 통한 개인 및 국가 경쟁력의 강화와 이 시스템의 세계적 진출을 통한 국가위상을 높이고자 한다.**

LEFA 자격증을 위한 영어문장 훈련방법

LEFA 훈련 목표

1. 단어 및 구문과 문장을 영식 표준발음과 미식 표준발음으로 익힌다.
2. 미식 발음에서 빠르게 발음 할 때 어휘 및 연음의 발음변화를 유의하며 익힌다.
3. Native 아나운서의 빠른 발음속도에 적응한다.
4. 강세와 억양을 익힌다.
5. 익힌 문장을 습관적으로 말할 수 있도록 입안의 근육에 입력시킨다.
6. 초급 10급 100문장을 시작으로 초급 1급 1000 문장, 중급 1품 1000 문장, 고급 10단 1000문장 총 3000 문장을 단계적으로 익혀 나간다.
7. 각급 1000 문장씩을 익힌 연후에는 훈련 지도사가 되어 다른 사람들을 훈련시킬 수 있는 역량을 함께 키워나간다.

LEFA 훈련 방법

1. 처음에는 입을 크게 벌리고 큰소리로 천천히 정확하게 영국식 표준발음과 미국식 표준발음을 3번씩 발음하여 정확한 발음을 익힌다.
2. 다음에는 정상속도의 발음으로 영국식 표준발음 1번, 미국식 표준발음 3번을 3회 반복한다.
3. 다음에는 좀 더 빠른 발음을 같은 방식으로 3회 반복한다.
4. 다음에는 최대한 빠른 발음을 같은 방식으로 3회 반복한다.
   (이때 발음의 정확성이 흔들리지 않는 속도까지)
5. 마지막으로 정상속도의 발음으로 3회 반복한다.
6. 각 문장이 입안의 근육에 완전히 입력되는 단계인 300회 이상이 반복 되도록 각 page의 문장이 5회 반복될 때마다 각 page 상단에 바를 정 "正"자를 기록하여, 바를 정"正"자가 각 page 마다 60개 이상 기록되도록 한다.
7. 이때"철자단위의 정확한 발음훈련 → 단어단위의 정확한 발음훈련 → 철자가 빠르게 부딪힐 때 변화되는 발음훈련 → 의미단위의 정확한 소리 훈련 → 단어와 단어가 빠르게 부딪힐 때 변화되는 소리훈련 → 문장단위의 소리훈련" 과정으로 발음 및 소리의 단계적 확대 훈련 방식을 통해 효율적인 발음 및 소리 적응훈련이 가능하도록 한다.

Speaking First, Listening Second!

LEFA 소리훈련 시 주의사항

1. 각 문장이 입안의 근육에 완전히 입력되어 시간이 흘러도 습관적으로 나올 수 있도록 해야 하므로 한번에 300회 이상을 발음하려고 하지 말고 매일 일정 회수를 반복 훈련한다.

2. 소리의 적응훈련을 위하여 처음 한번은 영어 문장을 보고 발음하고 나머지 3 번은 영어 문장을 보지 않도록 눈을 감던지 정면을 응시하고 발음하는 훈련을 한다.

3. 속도의 적응훈련을 위하여 각 page를 처음부터 끝까지 빠르게 읽는 훈련을 병행한다.

4. 각 page의 영어 문장이 입에 익으면 영어 문장을 보지 않고 우리말만 보고 영어 문장을 빠르게 처음부터 끝까지 발음하는 훈련을 한다.

5. 통 문장을 암기하는 방식으로는 절대로 말하기 듣기를 성공시킬 수가 없다. 소리의 습관이기 때문이다. 통 문장을 한 번에 익히려 하지 말고 단어를 먼저 익히고 의미단위의 구문을 익힌 다음 그 익혀진 의미단위를 연결하여 문장을 익히는 방식으로 발전시켜 나가야 한다.

6. 무엇보다도 중요한 것은 소리의 크기이다. 그것은 부끄러움과 두려움을 함께 극복하는 효과를 가져 오기 때문이다. 목을 보호하기 위해 복식소리 훈련을 병행하면 훨씬 효과적이다.
　외국어 학습방법에 눈으로만 보면 30%, 큰소리로 외치면 70%의 학습효과가 있다는 것이 통설이다. 여기에 동작과 함께하면 90% 이상의 효과가 있다. 손이든 온 몸이든 동작을 함께 하면 소리에 Power를 실어 준다. 예를 들어 한 문장을 천천히 원을 그리며 그 동작에 맞추어 발음하다가 원을 빨리 그리며 그 동작에 소리를 맞추면 소리도 자동적으로 빨라진다. 동작에 힘을 주면 소리에도 힘이 들어간다.

　　한글의 자모음과 영어의 발음기호는 서로 발음을 하는 부위가 다른 관계로 비슷하게 들릴지 모르나 소리가 완전히 다른 경우가 많다. 그러나 American Native(미국인)들이 발음하는 소리는 그들의 발음기호대로 발음하지 않는 경우가 많음으로 영어의 발음기호로도 미국인들의 실제소리를 제대로 구현할 수가 없다.

　　따라서 우리의 자모음을 적절히 활용하면 발음기호를 제대로 모르는 초보자들이나 발음기호대로 발음하지 않는 미국인들의 소리를 익히는데 많은 도움을 줄 수가 있어서 다음의 약속에 따라 미국인들의 소리를 표기하고자 한다. 그러나 무엇보다도 중요한 것은 문자가 아닌 미국인들의 표준 소리를 듣고 그대로 따라 익히는 것이 훨씬 바람직하다.

1. 우리말의 ' ㄹ'과 비슷한 발음이 영어에는 **4가지 발음**이 있다.

① 권설음 'r' : 혀를 잔뜩 말아 올려 발음. ex) right (**롸**이트)
② 단타음 'r' : 강모음과 약모음 사이에서 't'가 단타음 'r'로 바뀜.
　　ex) water (**워**터ㄹ → **워**러ㄹ)
③ 설측음 'l' (clear 'l') : 혀끝을 윗니의 잇몸에 대고 양 옆으로 숨을 내보내면서
　　　　　　　　　　　 내는 소리. (혀가 잇몸에 붙음)
　　ex) lion (**ㄹ라**이언), lily (**ㄹ리**ㄹ리)
④ dark 'l' : 음절의 끝에서 l로 끝나거나 그 뒤에 다른 자음이 연속될 때 나타나는데
　　　　　　 탁하게 나는 소리.
　　　　　　　　clear [l]과 [w]의 중간 소리.〈[(ə)w]'(어)우'〉 (혀가 잇몸에 붙지 않음)
　　ex) pencil (**펜**서ㄹ), apple (**애**쁘ㄹ), sell (**쎄**(어, 으)ㄹ), style(스**따**이(어, 으)ㄹ),
　　　　milk (**미**우(어, 으)ㄹㅋ), help (**헤**어(으)ㄹㅍ), golf (**고**우(어, 으)ㅍㅎ),
　　　　salt (**쏘**우(어, 으)ㄹㅌ), film (**피**히우(어, 으)ㄹㅁ), myself(마이**쎄**어(으)ㅍㅎ)
⑤ 약화된 권설음 [ɾ] : 실제로 발음하지 않고 혀의 위치만 권설음 [r]의 위치에 두고
　　　　　　　　　　　 발음. [ㄹ]로 표기.
　　ex) water[**워**러ㄹ], writer[**롸**이러ㄹ], sir[**써**ㄹ]

2. 우리 발음에 없는 발음기호의 한글표기

　　v [브흐]; f [ㅍ흐]; ð [ㅅ드]; θ [ㄷ쓰]

3. 권설음 'r'의 기타 표기 예들

　　ri : 뤼; re 뤠; ra : 롸; rʌ́ : 뤄; rʌ́ŋ : 뤙; rai 롸이; rei : 뤠이

4. 강세가 있는 부분은 큰 글씨로 액센트가 없는 부분은 작은 글씨로 표기

CONTENTS

SPEAKING STEP 1. 초/급/편

초급 10급	1~100
초급 9급	101~200

LEFA

Speaking First, Listening Second!

LIVE ECONOMY FOREIGN LANGUAGE ASSOCIATION

세계 최초 Speaking & Listening 전문 훈련 및 기능성 자격 검정

LEFA 초급 10급

(LEFA Basic Level 10)

1~100

〈강모음 + dy 패턴〉
[-디 → -리]

■ 자음 'd'는 강모음과 약모음 사이에서 '**단타음 r**'로 발음 된다.

Intervocalic 'd'

Key Words

body [bádi/bódi]　　　[바(보)디 → 바(보)리]

몸, 육체; 시체; 본문

everybody [évribàdi]　　　[흐에ㅂ → 에ㅂ흐뤼바디 뤼바리]

각자 모두, 누구든지 (모두)

somebody [sʌ́mbàdi]　　　[썸바(버,보)디 → 썸바리]

어떤 사람, 누군가, 상당한 인물

anybody [énibàdi]　　　[에니바디 → 에니바리]

누구든지, 아무라도, 아무나

nobody [nóubàdi]　　　[노우바디 → 노우바리]

보잘 것 없는 사람; 아무도…않다(no one)

Speaking First, Listening Second!

1. He has a strong **body**.
히 **해**저 스**뜨롱** 바리

2. A sound mind in a sound **body**.
어 **싸**운 마이니너 **싸**운 바리

3. Where is **everybody**?
웨어뤼즈 에ㅂ흐뤼**바리**

4. **Everybody** had a good time.
에ㅂ흐뤼바리 **해**러 **그** 타임

5. Help me! **Somebody** help me!
헤어(으)ㄹㅍ 미. **썸**바리 **헤**어(으)ㄹㅍ 미

6. **Somebody** stole our tent.
썸바리 스**또**우ㄹ라우어ㄹ **텐**ㅌ

7. **Anybody** can do that.
애**니**바리 컨 (큰) **두** ㅅ대ㅌ

8. Is **anybody** there?
이**쟤**니바리 ㅅ데어ㄹ

9. But **nobody** helps him.
버ㅌ **노우**바리 **헤**어(으)ㄹㅍ썸

10. **Nobody** likes the food.
노우바리 **ㄹ라**이ㅋㅅ ㅅ더 **ㅍ후**ㄷ

1. 그는 몸이 튼튼합니다.	6. 누군가 우리 텐트를 훔쳐 갔어.
2. 건강한 신체에 건전한 정신.	7. 아무라도 그건 할 수 있지.
3. 다들 어디 있어요?	8. 거기 누구 있나요?
4. 모두 즐거운 시간을 보냈다.	9. 하지만 아무도 그를 도와주지 않아요.
5. 도와 줘요! 누가 좀 도와 줘요!	10. 아무도 그 음식을 좋아하지 않아.

<강모음 + dy 패턴>
[-디 → -리]

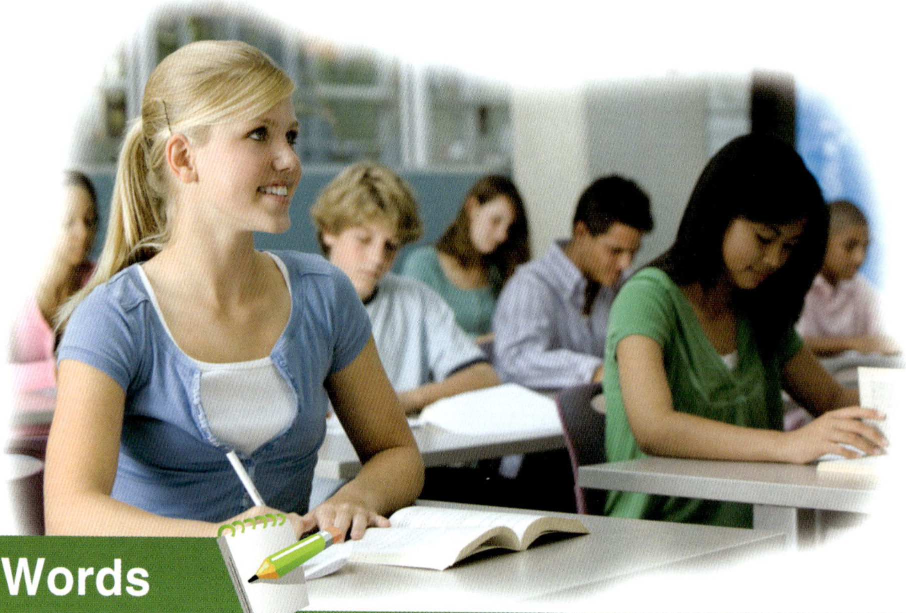

Key Words

lady [léidi]

[(을)레이리 → ㄹ레이리]

여자, 부인, 귀부인; 숙녀

daddy [dǽdi]

[대디 → 대리]

아버지《dad보다 더 친밀감을 가진 말》(cf. Mummy)

alrea**dy** [ɔ:lrédi]

[오:ㄹ뤠디 → 오:ㄹ뤠리]

이미, 벌써; 그렇게 빨리

ready [rédi]

[뤠디 → 뤠리]

준비가 된; 각오가 되어 있는

cloudy [kláudi]

[크ㄹ라우디 → 크ㄹ라우리]

흐린, 구름의, 구름 같은; 흐릿한

Speaking First, Listening Second!

11. She truly is a fair **lady**.

쉬 츄루ㄹ리 이저 ㅍ헤어ㄹ ㄹ레이리

12. She did like a **lady**.

쉬 디ㄷ ㄹ라이꺼 ㄹ레이리

13. **Daddy**'s home!

대리즈 호ㅁ

14. Is your **daddy** home?

이쥬어ㄹ 대리 호ㅁ

15. It is **already** dark.

이리즈 다ㄹㅋ 오ㄹ:뤠리

16. I had supper **already**.

아이 해ㄷ 써뻐ㄹ 오ㄹ:뤠리

17. Are you **ready**?

아ㄹ 유 뤠리

18. Come on. Dinner's **ready**.

커모ㄴ 디너ㄹ즈 뤠리

19. It's **cloudy** today.

이쓰 크ㄹ라우리 투(두)데이

20. Tonight will be **cloudy**.

투나이ㄹㄹ 비 크ㄹ라우리

11. 그녀는 진짜 아름다운 여자에요.	**16.** 전 이미 저녁 먹었어요.
12. 그녀는 숙녀답게 행동했어요.	**17.** 준비됐나요?
13. 아빠 집에 왔다!	**18.** 어서 와. 저녁 준비 다 됐어.
14. 아빠 집에 계시니?	**19.** 오늘은 날씨가 흐려요.
15. 날이 벌써 어두워졌다.	**20.** 오늘밤은 흐리겠습니다.

〈강모음 + dy 패턴〉
[-디 → -리]

Key Words

- **stu**dy [stʌ́di]
  [스터디 → 스떠리]
  공부, 학습, 조사, 연구, 노력, 학문; 서재, 연구실

- **come**dy [kámədi]
  [카머디 → 카머리]
  코미디, 희극(opp. tragedy), 희극적 장면(사건)

- **come**dian [kəmíːdiən]
  [커미:디언 → 커미:리언]
  희극 배우, 코미디언, 희극작가

- **melo**dy [mélədi]
  [메ㄹ러디 → 메ㄹ러리]
  멜로디, 선율(tune); 아름다운 음악; 곡조

- **melo**dious [məlóudiəs]
  [머ㄹ로우디어스 → 머ㄹ로우리어스]
  선율이 고운; 곡조가 아름다운

Speaking First, Listening Second!

21. We **study** English every day.

22. I wanted to **study** abroad.

23. I love **comedies**.

24. It was a **comedy**.

25. I wanted to be a **comedian**.

26. He is my favorite **comedian**.

27. It was a sweet **melody**.

28. She was singing a **melody**.

29. It's **melodious**.

30. Her voice was **melodious**.

위 스떠리 잉그ㄹ리쉬 에ㅂ흐뤼데이

아이 와(워)니더(러) 스떠리어브로:ㄷ

아이 ㄹ러ㅂㅎ 카머리즈

이뤄저 카머리

아이 와(워)니(너)더(러) 비어 커미리어ㄴ

히 이즈 마이 ㅍ훼이ㅂ허ㄹ뤼ㅌ 커미리어ㄴ

이뤄저 스위ㅌ 메ㄹ러리

쉬 워씽이너 메ㄹ러리

이쓰 머ㄹ로우리어ㅅ

허ㄹ ㅂ호이ㅅ 워ㅈ 머ㄹ로우리어ㅅ

21. 우리는 매일 영어 공부를 합니다.

22. 나는 유학을 하고 싶었어요.

23. 나는 코미디가 정말 좋아.

24. 그건 코미디였어.

25. 나는 코미디언이 되기를 원했습니다.

26. 그는 내가 좋아하는 코미디언이다.

27. 그것은 감미로운 선율이었어요.

28. 그녀는 아름다운 가락을 노래하고 있었다.

29. 곡조가 아름답군요.

30. 그녀의 목소리는 듣기 좋았습니다.

〈강모음 + **dy** 패턴〉
[-디 → -리]

Key Words

tidy [táidi]

[타이디 → **타이리**]

단정한, 말쑥한; 상당한; 꽤 좋은; 만족스러운

steady [stédi]

[스테디 → **스떼리**]

확고한, 안정된; 한결같은, 견실[착실]한

buddy [bʌ́di]

[버디 → **버리**]

《구어》(남자의) 동료, 단짝, 친구; 여보게(부르는 말)

muddy [mʌ́di]

[머디 → **머리**]

진흙의, 진흙투성이의; 〈빛(깔), 액체, 안색 등이〉 흐린

bloody [blʌ́di]

[브러디 → **브ㄹ러리**]

피투성이의, 피의; 잔혹한; 지독한; 굉장히

Speaking First, Listening Second!

31. I feel **tidy** today.

아이 ㅍ히:ㄹ 타이리 터(더)**데**이

32. Her room is **tidy**.

허ㄹ 루ㅁㅈ 타이리

33. He is a **steady** student.

히 이저 스떼리 스뚜더ㄴㅌ

34. She has a **steady** job.

쉬 해저 스떼리 자ㅂ

35. He's my **buddy**.

히ㅈ 마이 버리

36. What's up, **buddy**?

와써ㅍ 버리

37. The road is **muddy**.

ㅅ더 로우리ㅈ 머리

38. It was a very **muddy** walk.

이뤄저 ㅂ헤뤼 머리 우오:ㅋ

39. It was a **bloody** fight.

이뤄저 브ㄹ러리 ㅍ하이ㅌ

40. It was **bloody** cold.

이뤄ㅈ 브ㄹ러리 코우ㄹㄷ

31. 오늘 기분이 괜찮다.

32. 그녀의 방은 말끔하다.

33. 그는 착실한 학생입니다.

34. 그녀는 안정된 직장이 있습니다.

35. 그는 스스럼없는 친구야.

36. 무슨 일이야, 친구?

37. 그 길은 질퍽합니다.

38. 걷는 길이 몹시 질벅거렸어요.

39. 그것은 피비린내 나는 싸움이었습니다.

40. 몹시 추웠다.

〈강모음 + d(d)er 패턴〉
[-더 → -러]

Key Words

leader [líːdər]   [ㄹ리:더ㄹ → **ㄹ리:러ㄹ**]

지도자, 선도자, 리더; 주장; 지휘관; 지휘자

reader [ríːdər]   [**뤼:더ㄹ → 뤼:러ㄹ**]

독자, 읽는 사람; 독서가; 판독기

rider [ráidər]   [롸이더ㄹ → **롸이러ㄹ**]

타는 사람, 차를 모는 사람, 기수; 《미》승객

ladder [lǽdər]   [ㄹ래더ㄹ → **ㄹ래러ㄹ**]

사다리, 출세의 연줄, 수단《of》; 사회적 지위

louder [láudər]   [ㄹ라우더ㄹ → **ㄹ라우러ㄹ**]

'더 큰 소리로

Speaking First, Listening Second!

41. He is our **leader**.	히 이자우어ㄹ ㄹ리:러ㄹ
42. Be a **leader**, not a follower!	비어 ㄹ리:러ㄹ, 나러 ㅍ하ㄹ로우어ㄹ
43. She is a great **reader**.	쉬 이저 그뤠이ㅌ 뤼:러ㄹ
44. We are regular **readers**.	위 아ㄹ 뤠규ㄹ러ㄹ 뤼:러ㄹㅈ
45. He is an expert **rider**.	히 이저ㄴ 엑ㅅ뻐:ㄹㅌ 롸이러ㄹ
46. He is a poor **rider**.	히 이저 푸어ㄹ 롸이러ㄹ
47. He is going up the **ladder**.	히 이ㅈ 고이너ㅍ ㅅ더 ㄹ래러ㄹ
48. How long is the **ladder**?	하우 ㄹ롱 이즈 ㅅ더 ㄹ래러ㄹ
49. Speak **louder**, please.	스삐ㅋ ㄹ라우러ㄹ, 프ㄹ리:ㅈ
50. The noise grew **louder**.	ㅅ더 노이ㅈ 그루: ㄹ라우러ㄹ

41. 그는 우리의 지도자입니다.	**46.** 그는 형편없는 기수입니다.
42. 추종자가 되지 말고 지도자가 되라!	**47.** 그가 사다리를 오르고 있어요.
43. 그녀는 대단한 독서가에요.	**48.** 그 사다리는 길이가 얼마나 됩니까?
44. 우리는 정기 구독자인데요.	**49.** 더 크게 말해 주십시오.
45. 그는 능란한 기수입니다.	**50.** 소음이 더 커졌다

⟨강모음 + d(d)er 패턴⟩
[-더 → -러]

Key Words

shudder [ʃʌ́dər]　　[셔더ㄹ → 셔러ㄹ]
(공포, 추위로) 떨다; (싫어서) 몸서리치다; 떨림, 전율

consider [kənsídər]　　[컨시더ㄹ → 컨씨러ㄹ]
숙고하다, 고려하다, 간주하다

modern [mádərn]　　[마더ㄹㄴ → 마러ㄹㄴ]
현대의, 근대적인; 현대식의, 최신의

moderate [mádərət]　　[마더뤄ㅌ → 마러뤄ㅌ]
(날씨 따위가) 온화한, (양, 정도가) 적당한

[mádərèit/md-]　　(-ated; -ating) ~을 적당하게 만들다; ~을 완화하다

spider [spáidər]　　[스파이더ㄹ → 스빠이러ㄹ]
거미(비슷한 것), 프라이팬, 삼발이

Speaking First, Listening Second!

51. I **shudder** with fear.
아이 셔러ㄹ 위ㅅㄷ 프히어ㄹ

52. She is **shudder**ing with cold.
쉬 이 셔러륀 위ㅅㄷ 코우ㄹㄷ

53. I'll **consider** it.
아으ㄹ 컨씨러뤼트

54. Let me **consider** a moment.
ㄹ레ㅌ 미 컨씨러뤄 모우머ㄴㅌ

55. This is a **modern** building.
ㅅ디ㅅ 이저(ㅅ디씨저) 마러ㄹ니 비ㄹ딩

56. I like some **modern** music.
아이 ㄹ라이ㅋ 써ㅁ 마러ㄹ니 뮤지ㅋ

57. He is a **moderate** drinker.
히 이저 마러뤄ㅌ 드(쥬)륑꺼ㄹ

58. Be **moderate** in all things.
비 마러뤄리노ㄹ ㄷ시ㄴㅈ

59. I don't like **spiders**.
아이 도우ㄴㅌ ㄹ라이ㅋ 스빠이러ㄹ즈

60. A **spider** spins a web.
어 스빠이러ㄹ 스삐ㄴ저 웨ㅂ

51. 나는 공포에 떤다.	**56.** 나는 일부 현대 음악을 좋아한다.
52. 그녀는 추워서 떨고 있다.	**57.** 그는 술을 적당히 마시는 사람입니다.
53. 내가 그걸 고려해볼게요.	**58.** 만사에 도를 넘지 마라.
54. 잠깐 생각해 보겠습니다.	**59.** 나는 거미를 좋아하지 않아요.
55. 이것은 현대식 건물이다.	**60.** 거미가 거미줄을 친다.

〈강모음 + di 패턴〉
[-디 → -리]

Key Words

studi**o** [stjú:diòu]	[스뚜(뜌):디오우 → 스뚜(뜌):리오우]	
	작업장, 연습실; 방송실; 녹음실	
radi**o** [réidiòu]	[뤠이디오우 → 뤠이리오우]	
	라디오 (방송); 무선 방송; 무선 전신[전화]	
idi**om** [ídiəm]	[이디엄 → 이리엄] 관용구, 숙어	
idi**omatic** [ídiəmǽtik]	[이디어매틱 → 이리어매릭]	
	관용구적인, (어떤 언어의) 특징을 나타내는	
idi**ot** [ídiət]	[이디어ㅌ → 이리어ㅌ] 천치, 얼간이, 바보	
idi**otic,-ical** [ídiátik(el)]	[이디아틱 → 이리아릭]	
	백치[천치]의[같은]; 바보스러운, 비상식적인	
audi**ence** [ɔ́:diəns]	[오(아):디언(은)스 → 오(아):리언(은)스]	
	청중, 관중, 청취자	

Speaking First, Listening Second!

61. He is not in his **studio**.	히 이즈 나리니즈 스뚜(뜌):리오우
62. She has her own **studio**.	쉬 해저로우ㄴ 스뚜(뜌):리오우
63. Turn on the **radio**, please.	터ㄹ노ㄴ 스더(터ㄹ노너) 뤠이리오우, 프ㄹ리:즈
64. Turn down the **radio**.	터ㄹㄴ 다우ㄴ 스더 뤠이리오우
65. Can you understand the **idioms**?	캐뉴 어너ㄹ스때ㄴㄷ 스더 이리어ㅁ즈
66. Because it's an **idiom**.	비(버)코:ㅅ 이써ㄴ 이리어ㅁ
67. Stop behaving like an **idiot**!	스따ㅍ 비헤이ㅂ히ㄴ ㄹ라이꺼ㄴ 이리어ㅌ
68. Shut up, you **idiot**!	셔러ㅍ, 유 이리어ㅌ
69. There was a big **audience**.	ㅅ데어뤄저 비ㄱ 오(아):리어(으)ㄴㅅ
70. The **audience** filled the hall.	ㅅ디 오(아):리어(으)ㄴㅅ 퍼히ㄹ 스더 호:ㄹ

61. 그는 지금 작업실에 없다.	**66.** 그것이 관용구이기 때문입니다.
62. 그녀는 자신만의 작업실이 있다.	**67.** 바보처럼 행동하지 마!
63. 라디오를 틀어 주세요.	**68.** 조용해! 이 바보야!
64. 라디오 소리를 줄이세요.	**69.** 관객들이 많았습니다.
65. 당신은 그 관용구들을 이해할 수 있습니까?	**70.** 청중이 회관을 가득 메웠다.

초급
10

Key Words

reading [ríːdiŋ]　　　[뤼ː딩 → 뤼ː린]

독서, 낭독, 독서력, 읽을거리

studying [stʌ́diŋ]　　　[스터딩 → 스떠리ㄴ]

공부, 연구

riding [ráidiŋ]　　　[롸이딩 → 롸이리ㄴ]

승마, 승차, (숲속의)승마로, 승마장, 승마(용)의

trading [tréidiŋ]　　　[트뤠이딩 → ㅌ츄뤠이리ㄴ]

상업에 종사하는; 통상용의; 무역

leading [líːdiŋ]　　　[ㄹ리ː딩 → ㄹ리ː리ㄴ]

이끄는, 지휘하는, 주역의, 주요한, 훌륭한

Speaking First, Listening Second!

71. He is **reading**.

히 이ㅈ 뤼:린

72. What's he **reading**?

와씨 뤼:린

73. What are you **studying**?

와러ㄹ유 스떠린

74. I'm **studying** English now.

아이ㅁ 스떠린 잉그ㄹ리쉬 나우

75. He is **riding** a bike.

히 이ㅈ 롸이리너 바이ㅋ

76. I'm not **riding** in the back.

아이ㅁ 나ㅌ 롸이리니너 배ㅋ

77. He's a **trading** manager.

히저 ㅌ츄뤠이리ㄴ 매니저ㄹ

78. I work for a **trading** company.

아이 워:ㄹㅋㅍ호:뤄 ㅌ츄뤠이리ㄴ 컴퍼니

79. The red car is **leading**.

ㅅ더 뤠ㄷ 카:뤼ㅈ ㄹ리:린

80. Are we **leading** the game?

아:뤼 ㄹ리:린 ㅅ더(ㄹ리:리너)게이ㅁ

71. 그는 책을 읽고 있어요.	**76.** 난 뒤에는 안 탈거야.
72. 그는 뭘 읽고 있어요?	**77.** 그가 무역 담당자입니다.
73. 넌 무슨 공부를 하고 있니?	**78.** 저는 무역회사에 다닙니다.
74. 나는 지금 영어 공부를 합니다.	**79.** 빨간 차가 선두를 달리고 있다.
75. 그는 자전거를 타고 있어요.	**80.** 우리가 그 경기를 주도하고 있나요?

〈강모음 + ding 패턴〉
[-딩 → -린]

Key Words

- **loading** [lóudiŋ]

  [ㄹ로우딩 → ㄹ로우리ㄴ]

  짐 싣기, 선적

- **exceeding** [iksí:diŋ]

  [익시:딩 → 익씨:리ㄴ]

  엄청난, 대단한, 굉장한

- **heading** [hédiŋ]

  [헤딩 → 헤리ㄴ]

  제목, 표제 ; 비행(향해)방향

- **including** [inklú:diŋ]

  [인크ㄹ루:딩 → 인끄ㄹ루:리ㄴ]

  ~ 을 포함하여(함께 넣어서)

- **excluding** [iksklú:diŋ]

  [익스크ㄹ루:딩 → 익스끄루:리ㄴ]

  ~ 을 제외하고(한), ~을 빼고

Speaking First, Listening Second!

"

81. The ship is **loading**.	ㅅ더 쉬삐ㅈ ㄹ로우린
82. This is the **loading** area.	ㅅ디씨ㅈ ㅅ더 ㄹ로우린 에어뤼어
83. It's **exceeding** 500 Won.	이씨ㅋ씨:린 ㅍ하이ㅂㅎ 허ㄴㄷ뤄ㄷ 원
84. It is **exceedingly** hot.	이리ㅈ 이ㅋ씨:링ㄹ리 하ㅌ
85. Where are you **heading**?	웨어롸:ㄹ유(류) 헤린
86. I'm **heading** home.	아이ㅁ 헤린 호우ㅁ
87. There are five, **including** me.	ㅅ데어롸ㄹ ㅍ하이ㅂㅎ, 이ㄴ끄루:리ㄴ 미
88. It's 8 dollars **including** tax.	이쓰 에이ㅌ 달러ㄹㅈ 이ㄴ끄르루:리ㄴ 태ㅋㅅ
89. They're **excluding** you.	ㅅ데이어ㄹ 이ㅋㅅ끄르루:리ㄴ 유
90. 30 dollars, **excluding** tax.	ㄷ써리 달러ㄹㅈ, 이ㅋㅅ끄르루:리ㄴ 태ㅋㅅ

81. 그 배가 짐을 싣고 있다.	**86.** 나 집으로 향하는 중이야.
82. 이곳은 물건을 싣고 내리는 지역 (하역장)입니다.	**87.** 우리 집은 나까지 다섯이야.
83. 그것은 500원을 초과하고 있군요.	**88.** 세금을 포함해서 8달러입니다.
84. 날씨가 굉장히 더워요.	**89.** 그들은 당신을 배제하고 있어요.
85. 너 어디로 향하는 중이데?	**90.** 세금 제외하고 30달러입니다.

⟨강모음 + ded 패턴⟩
[-디ㄷ → -리ㄷ]

초급 **10**

Key Words

- **crow**ded [kráudid] [크롸우디ㄷ → 크롸우리ㄷ]

  붐비는, 혼잡한, 만원의

- **ai**ded [éidid] [에이디ㄷ → 에이리ㄷ]

  도왔다, 원조했다; 촉진했다

- **nee**ded [ní:did] [니:디ㄷ → 니:리ㄷ]

  ~을 필요로 했다; ~할 필요가 있었다, ~ 해야 했다

- **divi**ded [diváidid] [디ㅂ화이디ㄷ → 디ㅂ화이리ㄷ]

  분할된, 갈라진, (식)열개한

- **deci**ded [disáidid] [디사이디ㄷ → 디싸이리ㄷ]

  뚜렷한, 명백한, 단호한; 결연한, 결정적인

Speaking First, Listening Second!

91. **The classroom is crowded.**

ㅅ더 크ㄹ래ㅅ루미ㅈ 크롸우리ㄷ

92. **The street is crowded with people.**

ㅅ더 스뜨뤼리ㅈ 크롸우리ㄷ 위ㅅㄷ 피:쁘ㄹ

93. **He aided me with my homework.**

히 에이리ㄷ 미 위ㅅㄷ 마이 호우ㅁ워:ㄹㅋ

94. **She aided him in his work.**

쉬 에이리리미니ㅈ 워:ㄹㅋ

95. **I needed some money.**

아이 니:리ㄷ 써ㅁ 머니

96. **I needed to finish it.**

아이 니:리투 ㅍ히니쉬ㅌ.

97. **30 divided by 6 is 5.**

ㄷ써리 디ㅂ화이리ㄷ 바이 씨ㅋ씨ㅈ ㅍ하이ㅂㅎ

98. **6 (divided) by 2 equals 3.**

씨ㅋ씨 (디ㅂ화이리ㄷ) 바이 투: 이:꿔ㄹㅈ ㄷ쓰뤼:

99. **I decided to go on a diet.**

아이 디싸이리투 고우오너 다이어ㅌ

100. **He decided to study English hard.**

히 디싸이리투 스떠리 잉그ㄹ리쉬 하ㄹㄷ

91. 교실이 혼잡하다.	**96.** 전 그것을 마무리 지어야만 했습니다.
92. 거리가 사람들로 붐비고 있다.	**97.** 30 나누기 6은 5이다.
93. 그가 내 숙제를 도와주었어요.	**98.** 6 나누기 2는 3이다.
94. 그녀는 그의 일을 도왔다.	**99.** 난 다이어트 하기로 결심했어.
95. 난 돈이 좀 필요했어.	**100.** 그는 영어 공부를 열심히 하기로 결심했습니다.

Speaking First, Listening Second!

◆ 초 10-1 He has a strong body. [히 **해**저 스뜨**롱** 바리]

어휘 설명

* he[히]: 그(남자), has[**해**즈] 갖고 있다, strong[스뜨**롱**]: 힘센, 튼튼한,
 body[**바**리]: 몸, 신체

발음 설명

* has a [해즈 어 → **해**저], strong [스트롱 → 스뜨**롱**], body [바디 → **바**리]

예문)

〈주어 바꾸며 문형훈련〉

She has a strong body.	그녀는 튼튼한 몸을 가지고 있다.
It has a strong body.	그것은(동물 등) 튼튼한 몸을 가지고 있다.
The dog has a strong body.	그 개는 튼튼한 몸을 가지고 있다.
The lion has a strong body.	그 사자는 튼튼한 몸을 가지고 있다.

발음 설명

* st 된소리 연습 :

study[스**떠**리] 공부하다; start[스**따**ㄹ트] 출발하다; store[스**또**:ㄹ] 가게;
stone[스**또**운] 돌; stop[스**따**ㅍ] 멈추다; sports[스**뽀**ㄹ쓰] 스포츠;
student[스**뚜**던트] 학생; stand[스**땐**ㄷ] 일어서다; star[스**따**ㄹ] 별;
start[스**따**ㄹ트] 출발하다;

문법 설명

* 인칭의 설명

1 인칭 : I(나)
2 인칭 : you(너)
3 인칭 : 1 인칭 I 와 2 인칭 you를 제외한 모든 것
  ex) he(그), she(그 여자), it(그것), this(이것), father(아버지), my hand(내손)

* 3 인칭 단수 현재에는 동사에 −s 나 −es를 붙인다.

예외 have − has, be 동사

예) do − does, go − goes

예문)

She has a strong body.	그녀는 몸이 튼튼하다.
My brother has a strong body.	내 남동생은 몸이 튼튼하다.
My sister has a strong body.	내 여동생은 몸이 튼튼하다.
I have a strong body.	나는 튼튼한 몸을 가지고 있다.
You have a strong body.	당신은 튼튼한 몸을 가지고 있군요.
I go to church.	나는 교회에 다닌다.
He goes to church.	그는 교회에 다닌다.
She goes to church.	그녀는 교회에 다닌다.
We go to church.	우리는 교회에 다닌다.
They go to church.	그들은 교회에 다닌다.

Speaking First, Listening Second!

고

발음 설명

* st 된소리 추가 연습 :

stocking[스**따**낀] 긴 양말; style[스**따**이(어)ㄹ] 스타일; stupid[스**뚜**삐ㄷ] 어리석은;
strike[스뜨**롸**이ㅋ] 치다; state[스**떼**이ㅌ] 주, 국가; steal[스**띠**:ㄹ] 훔치다;
sister[**씨**스떠ㄹ] 자매; history[**히**스또뤼] 역사; thirsty[ㄷ**서**ㄹ스띠] 목마른;

문법 설명

* 일반 동사의 부정문

: 주어 + do(does, did) + not + 동사원형 (does : 3인칭, 단수,
현재 일 때; did : 과거일 때; do : 1, 2 인칭 현재와 복수 일 때)

예문)

He has a strong body.	그는 몸이 튼튼하다.
→ He doesn't have a strong body.	그는 몸이 튼튼하지 않다. (부정문)
= He has a weak body.	그는 몸이 약하다.
I go to church.	나는 교회에 다닙니다.
→ I don't go to church.	나는 교회에 다니지 않습니다.
She goes to church.	그녀는 교회에 다닙니다.
→ She doesn't go to church.	그녀는 교회에 다니지 않습니다.
We went to church.	우리는 교회에 다녔습니다.
→ We didn't go to church.	우리는 교회에 다니지 않았습니다.

초 

어휘 설명

* sound[**싸**운ㄷ] 건강한, 건전한; mind[**마인**ㄷ] 마음, 정신; in[인]~ 안에

발음 설명

* sound mind [**싸**운드 **마**인드 → **싸**운 **마**인]; sound body [**싸**운드 **바**디 → **싸**운 **바**리]

예문)

I have a sound body.	나는 건전한 신체를 가지고 있다.
You have a sound mind.	너는 건전한 정신을 가지고 있다.
He has a sound body.	그는 건전한 신체를 가지고 있다.
She has a sound mind.	그녀는 건전한 정신을 가지고 있다.

중

어휘 설명

* sound 건강한, 건전한; 소리;

발음 설명

* 폐쇄음 설명 : 마지막 자음은 폐쇄되어 실제소리는 내지 않고 혀와 입술은
그 발음의 위치까지 간다.
good[**그**ㄷ], cat[**캐**ㅌ], book[**부**ㅋ], had[**해**ㄷ], did[**디**ㄷ], would[**우**ㄷ],
should[**슈**ㄷ], could[**쿠**ㄷ], might[**마**이ㅌ], cap[**캐**ㅍ], safe[**쎄**이ㅍㅎ]

Speaking First, Listening Second!

문법 설명
* 형용사의 두 가지 기능 ①명사 수식 ② 서술적 보어

예문)

I slept a sound sleep.	나는 푹 잤다. 숙면을 취했다. (명사 수식)
It is sound.	그것은 건실하다.(서술적 보어)
That's a good sound.	소리 한번 죽이는군.
Don't you make a sound.	소리 내지 마.
I love that sound.	제가 좋아하는 소리죠.
He came in without a sound.	그는 살며시 들어 왔다.
Which travels faster, light or sound?	빛과 소리 중 어느 쪽이 더 빠르냐?

고

어휘 설명
* sound 건강한, 건전한; 소리; ~ 하게 들리다 ~처럼 들리다, 느껴지다

발음 설명
* 기능어는 약화되어 앞 단어에 붙는다.
 in a [**인** 어 → **이**너]
 mind in a [**마인드 인** 어 → **마인디**너 → **마**이니너]
* 대표적 기능어 : 관사, be 동사, 조동사, 대명사, 전치사

문법 설명
* (There is) A sound mind in a sound body.
* There is + 단수, There are + 복수 : ~ 이 있다.

There is a book on the desk.	책상위에 책이 한권 있습니다.
There are a lot of people on the street.	길 위에 많은 사람들이 있습니다.
It sounds great.	대단하게 들린다. 좋은 생각이야.
It sounds strange.	이상하게 들린다.
Sounds good to me.	저야 좋죠.
You sound like my father.	우리 아버지처럼 말씀하시네요.
This may sound strange.	이것은 좀 생소하게 들릴지도 모릅니다.
He is a man of sound body.	그는 몸이 튼튼한 사람이다.
He has a sound common sense.	그는 건전한 양식을 가지고 있다.
They arrived safe and sound.	그들 은 무사히 도착했다.
The child is fast [sound] asleep.	아이는 깊이 잠들어 있다.
After a sound sleep I feel refreshed.	잠을 푹 잤더니 몸이 아주 가뜬하다.

◆ 초 10-3 Where is everybody? [웨어뤼즈 에ㅂ흐뤼바리]

초

어휘 설명

* where[웨어ㄹ] 어디에; is[이즈] 있다, ~ 이다;
  everybody[에ㅂ흐뤼바리] 모두, 모든 사람

발음 설명

* where is [웨어ㄹ 이즈 → 웨어뤼즈] (r 발음이 is에 묻어남)
  ex) there is[ㅅ데어뤼즈] ~ 이 있다, here is [히어뤼즈] 여기에 있다
  everybody[에ㅂ흐뤼 바디 → 에ㅂ흐뤼 바리]

* 'v' 와 'ry'에 역점을 둔 every의 연습
모든 사람 : everyone[에ㅂ흐뤼원]; 매일 : everyday[에ㅂ흐뤼데이];
매일 아침 : every morning[에ㅂ흐뤼 모닝];
매일 밤 : every night[에ㅂ흐뤼 나이트]

Speaking First, Listening Second!

예문)

Where is your father?	너의 아버지는 어디 계시니?
Where is your mother?	너의 어머니는 어디 계시니?
Where is your teacher?	너의 선생님은 어디 계시니?
Where is your house?	너의 집은 어디 있니?
Where is the rest room?	화장실은 어디죠?

중

발음 설명

* Where is[**웨**어뤼즈]

* r 발음이 묻어나는 다른 예문

Father is coming here.	아버지가 여기에 오고 계신다.
Father is [**프화**ㅅ더뤼즈]	
Mother is not here.	어머니는 여기에 계시지 않는다.
Mother is [**머ㅅ**더뤼]	

* 'v' 와 'ry'에 역점을 둔 every의 연습 :

매일 오후 : every afternoon; 매일 저녁 : every evening; 매주 : every week; 매주말(주말 마다) : every weekend; 매월 : every month; 매년 : every year.

문법 설명

* Where is [**웨**어뤼즈] ? + 단수 → Where's [**웨**어르즈] ~ 은 어디 있지?
  Where are [**웨**어롸]+ 복수 ? → Where're [**웨**어뤄]

예문)

Where's my book?	내 책은 어디 있지?
Where's my pencil?	내 연필을 어디 있지?
Where's my bag?	내 가방은 어디 있지?
Where're my shoes?	내 신발은 어디 있지?
Where're my glasses?	내 안경은 어디 있지?
Where're my trousers?	내 바지는 어디 있지?

고

발음 설명

* 'v' 와 'ry'에 역점을 둔 every의 연습 :

2 일마다 : every two days = every second day = every other days;

3 주마다 : every three weeks = every third week;

4 년마다 : every four years = every forth year

문법 설명

* 의문사가 있는 의문문에서 be동사, 조동사 일 경우:

의문사 + Be(조동사) + 주어 ?

예문)

Where is it?	그것은 어디 있니?
What are you doing?	뭐 하고 있니?
When are you going to leave here?	언제 여기를 떠날 겁니까?
Why is he so late?	그는 왜 이렇게 늦지?
Who are you looking at?	누구를 보고 있나요?
How are you doing?	어떻게 지내세요?

◆ 초 10-4 Everybody had a good time. [에ㅂ흐뤼바리 해러 그 타임]

초

어휘 설명

* had[해ㄷ] have(가지다)의 과거, 가졌다; good[그ㄷ] 좋은; time[타임] 시간

<발음 설명> had a [해ㄷ 어 → 해더 → 해러] good time [그 타임]

예문)

I had a good time.	나는 좋은 시간을 가졌다.
He had a good time.	그는 즐거운 시간을 보냈다.

Speaking First, Listening Second!

She had a good time.	그녀는 즐거운 시간을 보냈다.
(학생이름) had a good time.	~ 는 즐거운 시간을 보냈다.
We had a good time.	우리는 즐거운 시간을 보냈다.
They had a good time.	그들은 즐거운 시간을 보냈다.

중

발음 설명

* 기능어(관사, be 동사, 조동사, 대명사, 전치사 등)는 약화되어 앞 단어에 붙여
  발음한다.
* had a [**해드** 어 → **해더** → **해**러]
  have a [**해ㅂㅎ** 어 → **해ㅂ**허]
  has a [**해즈** 어 → **해**저]
  need a [**니**더 → **니**러]
  want a [**원ㅌ** 어 → **원터** → **워**너]
* nd, nt 다음의 [d, t]는 사라진다.

문법 설명

* 명령문 : 2인칭(너)에 대한 명령문에서는 주어 you를 생략하고 동사 원형을 쓴다.

예문)

I had a car.	나는 자동차를 가지고 있었다.
I have a car.	나는 자동차를 가지고 있습니다.
He has a car.	그는 자동차를 가지고 있습니다.
I need a car.	나는 자동차가 필요합니다.
I want a car.	나는 자동차를 원합니다.
Have a good time.	즐거운 시간 보내세요.
– Have a nice time.	
= Enjoy yourself.	

Be happy.	행복하세요.
Have a nice day.	좋은 하루 보내세요.
Have a nice weekend.	즐거운 주말 보내세요.
Have a nice trip.	즐거운 여행 되십시오.

고

발음 설명

* 기능어(관사, be 동사, 조동사, 대명사, 전치사 등)는 약화되어 앞 단어에 붙여
  발음한다. − 보완
  had to [**해투 → 해더 → 해러**] ~ 해야만 했다.
  need to [**니투 → 니더 → 니러**] ~ 할 필요가 있다.
  ought to [**아투 → 아더 → 아러**] ~ 해야 한다. = should
  want to [**원투 → 원두 → 원더 → 워너**] ~ 하기를 원한다.
* Does he [더즈 **히** → 더**지**]; Did you [디드 **유** → 디**쥬**]

문법 설명

* 의문사가 없는 일반 동사의 의문문:
  Do(Does, Did) + 주어 + 동사의 원형?
  (does : 3인칭, 단수, 현재일 경우; did : 과거일 경우; do : 그 외 모든 경우)

예문)

I had to do it.	나는 그것을 해야만 했습니다.
You need to do it.	당신은 그것을 할 필요가 있습니다.
You ought to do it.	당신은 그것을 해야 합니다.
I want to do it.	나는 그것을 하기를 원합니다.
Do you have a good time?	당신 재미있는 시간을 보내고 있습니까?
Does he have a good time?	그는 재미있는 시간을 보내고 있습니까?
Did you have a good time?	당신 재미있게 보냈습니까?
Did they have a good time?	그들은 재미있는 시간을 보냈습니까?

Speaking First, Listening Second!

◆ 초 10-5 Help me. Somebody help me. [헤어(으)ㄹ프) 미. 썸바리 헤어(으)ㄹ프) 미]

초

어휘 설명

* help[**헤**어(으)ㄹ프] 돕다; me[**미**] 나를; somebody[**썸**바리] 누군가, 어떤 사람

발음 설명

* help [**헬**프 → **헤**어(으)ㄹ프)]; help me [**헬**프 미 → **헤**어(으)ㄹ프) 미]:

예문)

Please, help me.	제발, 좀 도와주세요.
= Help me, please.	
Help me today.	오늘 나를 좀 도와주세요.
Help me tonight.	오늘밤 나를 좀 도와주세요.
Help me tomorrow.	내일 나를 좀 도와주세요.
Help me this weekend.	이번 주말에 나를 좀 도와주세요.
Help me this Sunday.	이번 일요일에 나를 좀 도와주세요.
Would you help me?	당신 나를 도와주시겠습니까?

would you [우드 **유** → **우쥬**]

중

발음 설명

* help you[**헤**어(으)ㄹ뷰]; help him[**헤**어(으)ㄹ뼴]; help her[**헤**어(으)ㄹ뻐리];
help it[**헤**어(으)ㄹ삐트]; help us[**헤**어(으)ㄹ뻐스]; help them[**헤**어(으)ㄹ프 ㅅ뎀];
help yourself[**헤**어(으)ㄹ뷰어쎄어(으)ㅍㅎ]

*** 대명사의 목적격**

나를(me), 너를(you), 그를(him), 그녀를(her), 우리들을(us), 그들을(them)

예문)

May I help you?	내가 당신을 도와드릴까요? 뭘 도와드릴까요?
= What can I do for you?	
Help him. Please help him. Would you help him?	그를 도와주십시오.
Help her. Please help her. Would you help her?	그녀를 도와주십시오.
Help us.	우리를 도와주세요.
Help them.	그들을 도와주세요.
Help it.	그것을 도와주세요.

고

발음 설명

*** 설측음 'l' (clear 'l')** : 혀끝을 윗니의 잇몸에 대고 양 옆으로 숨을 내보내면서 내는 소리. (혀가 잇몸에 붙음)

ex) lion[**ㄹ라**이언]; lily[**ㄹ리**ㄹ리]

*** dark 'l'** : 음절의 끝에서 l로 끝나거나 그 뒤에 다른 자음이 연속될 때 나타나는데 탁하게 나는 소리. clear [l]과 [w]의 중간 소리.<[(ə)w]'(어)우'> (혀가 잇몸에 붙지 않음)

ex) milk[**미**우(어, 으)ㄹㅋ] 우유; help[**헤**어(으)ㄹㅍ] 돕다; golf[**고**우(어, 으)ㅍㅎ] 골프; salt[**쏘**우(어, 으)ㄹㅌ] 소금; film[**ㅍ히**우(어, 으)ㄹㅁ] 필름; myself[**마**이쎄어(으)ㅍㅎ] 내 자신; yourself[**유**어쎄어(으)ㅍㅎ]너 자신; himself[**힘**쎄어(으)ㅍㅎ] 그 자신; herself[**허ㄹ**쎄어(으)ㅍㅎ] 그녀 자신; ourselves[**아**우어ㄹ쎄어(으)ㅂㅎㅈ] 우리들 자신; yourselves[**유**어ㄹ쎄어(으)ㅂㅎㅈ] 너희들 자신; themselves[**ㅅ뎀**쎄어(으)ㅂㅎㅈ] 그들 자신; pencil[**펜**서ㄹ] 연필; apple[**애**쁘ㄹ] 사과; sell[**쎄**(어, 으)ㄹ] 팔다; style[스**따**이(어, 으)ㄹ] 스타일; trouble[츠**뤄**브ㄹ] 불편 곤란; schedule[스**께**쥬ㄹ] 스케쥴; middle school [**미**르ㄹ 스꾸ㄹ] 중학교;

*** don't you** [**도**운트 유 → **도**운츄]

Speaking First, Listening Second!

문법 설명

* 3인칭에 대한 명령: 생략된 주어(You) 자리에 삼인칭을 넣고 동사 원형.

예문)

Somebody help me.	누군가 나를 도와주세요.
Somebody come here.	누군가 이쪽으로 오세요.
Father forgive me.	아버지 저를 용서해 주세요.
Mother forgive my faults.	어머니 제 잘못을 용서해 주세요.
cf) Somebody helps me.	누군가 나를 돕는다.
Somebody comes here.	누군가 이쪽으로 온다.
Father forgives me.	아버지는 나를 용서해 주신다.
Mother forgives my faults.	어머니는 나의 잘못을 용서해 주신다.
Why don't you help me? Why not help me?	저를 좀 도와주시죠?
I can't help it. = It can't be helped.	어쩔 수 없습니다.(피할 수 없습니다.)
Help yourself.	마음껏 드십시오.
Enjoy yourself.	재미있게 보내십시오.
Know yourself.	자기 자신을 아십시오.

◆ 초 10-6 **Somebody stole our tent.** [썸바리 스또우ㄹ라우어ㄹ 텐ㅌ]

초

어휘 설명

* somebody[썸바리] 누군가, 어떤 사람; stole[스또우ㄹ] 훔쳤다;
  our[아우어ㄹ] 우리의; tent[텐ㅌ] 텐트

발음 설명

* stole[스또우ㄹ] + our[아우어ㄹ] = [스또우ㄹ라우어ㄹ]

중

발음 설명

* 기능어(관사, be 동사, 조동사, 대명사, 전치사)는 약화되어 앞 단어에 붙여 발음한다.
* stole[스**또**우ㄹ] + our[**아**우어ㄹ] = [스**또**우ㄹ**라**우어ㄹ]
  have a[**해**ㅂ허]; has a[**해**저]; had a[**해**러]; help you[**헤**어(으)ㄹ쀼];
  help him[**헤**어(으)ㄹ쁨]; help her[**헤**어(으)ㄹ뻐ㄹ]; help it[**헤**어(으)ㄹ삐ㅌ];
  help us[**헤**어(으)ㄹ뻐ㅅ];

문법 설명

* 동사의 3 유형 : 현재 – 과거 – 과거분사
* 훔치다 : steal – stole – stolen; 가다 : go – went – gone;
  오다: come – came – come; 자르다 : cut – cut – cut; 읽다 : read – read –read

Speaking First, Listening Second!

고

발음 설명

* 된소리 추가 연습

stream[스뜨륌] 개울, 시냇물; storm[스또:ㄹ모] 폭풍; staff[스때ㅍㅎ] 직원, 참모;
stick[스띠ㅋ] 막대기, 지팡이; steel[스띠:ㄹ] 강철; system[씨스떰] 체계, 방식;
sky[스까이] 하늘; ski[스끼:] 스키; skate[스께이트] 스케이트; square[스꿰어ㄹ] 광장
speak[스삐ㅋ] 말하다; Spain[스빼인] 스페인; spring[스쁘륑] 봄

문법 설명

* 현재완료 : have + pp : 발생은 과거에 했으나 영향을 현재까지 미칠 때 씀.
(완료, 경험, 결과, 계속)

예문)

I have finished my homework.	나는 숙제를 끝냈다. (완료)
I have seen a tiger.	나는 호랑이를 본적이 있다. (경험)
Spring has come.	봄이 왔다. (결과)
I have studied English for three years.	나는 영어공부를 3년간 해왔다. (계속)
It has been raining for two days.	이틀동안 계속 비가 내렸다.
	(현재완료 진행)

◆ 초 10-7 Anybody can do that. [애니바리 컨(큰) 두 ㅅ대ㅌ]

초

어휘 설명

anybody[애니바리] 어느 누구라도, 아무라도; can[컨(큰)] 할 수 있다;
do[두] 하다; that[ㅅ대ㅌ] 저것

발음 설명

* can과 can't의 발음 차이 : 긍정문의 can은 [컨]이나 [큰]으로 약화시켜 발음하여
can't[캔트]에서 [ㅌ]발음을 패쇄시켜 [캔]으로 발음 하는 것과 구분한다.
그러나 의문문의 Can you ~ 나 대답의 Yes, I can. 은 강하게 [캔]으로 발음한다.

예문)

I can do that.	나는 그것을 할 수 있다.
You can do that.	당신은 그것을 할 수 있다.
He can do that.	그는 그것을 할 수 있다.
She can do that.	그녀는 그것을 할 수 있다.
We can do that.	우리는 그것을 할 수 있다.
They can do that.	그들은 그것을 할 수 있다.
Everybody can do that.	모든 사람이 그것을 할 수 있다.

중

발음 설명

* ð [ㅅ드]와 θ [ㄷ쓰]의 발음 연습

ð [ㅅ드] : the 그; this 이것; that 저것;
father 아버지; mother 어머니; brother 남자형제; they 그들; them 그들을;
their 그들의; theirs 그들의 것

θ [ㄷ쓰] : three 셋; thank 감사하다; think 생각하다; Thursday 목요일;
birthday 생일; math 수학; thirsty 목마른; thin 얇은; thick 두꺼운;

문법 설명

* 조동사 다음에는 동사의 원형이 온다.

예문)

She speaks English.	그 여자는 영어를 말한다.
She can speak English.	그 여자는 영어를 말할 수 있다.
He goes to church.	그는 교회에 다닌다.

Speaking First, Listening Second!

He will go to church.　　그는 교회에 다닐 것이다.
She does her best.　　그녀는 최선을 다한다.
She must do her best.　　그녀는 최선을 다해야 한다.
He knows it.　　그는 그것을 알고 있다.
He may know it.　　그는 그것을 알지도 모른다.

고

발음 설명

* ð [ㅅ드]와 θ [ㄷ쓰]의 발음 추가 연습

ð [ㅅ드] : these 이것들; those 저것들; there 거기에; other 다른; another 또 다른;
　with ~와 함께; together 같이; either 둘 중 하나; neither 둘 다 아닌;
　gather 모으다; clothes 의복;

θ [ㄷ쓰] : both 둘 다; tooth 이빨; cloth 천; month 달; third 셋째; forth 넷째;
　fifth 다섯째; sixth 여섯째; seventh 일곱째; eighth 여덟째; ninth 아홉째;
　tenth 열째; bath 목욕; mathematics 수학; wealth 부; health 건강;
　death 죽음; earth 지구

문법 설명

can의 미래형 → will be able to
must의 미래형 → will have to
may의 미래형 → will be allowed to

예문)

Anybody will be able to do that.　　어느 누구라도 그것을 할 수 있을 것이다.
Anybody could do that.　　어느 누구라도 그것을 할 수 있었다.
Anybody must do that.　　어느 누구라도 그것을 해야만 한다.
Anybody will have to do that.　　어느 누구라도 그것을 해야민 할 것이다.
Anybody had to do that.　　어느 누구라도 그것을 해야만 했다.
You may do that.　　너는 그것을 해도 좋다.
You will be allowed to do that.　　너는 그것을 하도록 허락받을 것이다.

◆ 초 10-8 Is anybody there? [이재니바리 ㅅ데어ㄹ]

초

어휘 설명

is[이즈] 있다, ~이다; anybody[애니바리] 어느 누구라도, 아무라도;
there[ㅅ데어ㄹ] 거기에

발음 설명

* Is anybody [이즈] + [애니바리] = [이재니바리]
* ð [ㅅ드] 의 발음 연습
  the 그; this 이것; that 저것; father 아버지; mother 어머니; brother 남자형제

예문)

Is anybody here?	여기 누구 있습니까?
Is anybody in the room?	방에 누구 있습니까?
Is anybody in the classroom?	교실에 누구 있습니까?
Is anybody around here?	이 근처에 누구 있습니까?

중

발음 설명

* ð [ㅅ드] 의 발음 추가 연습
  these 이것들; those 저것들; other 다른; another 또 다른; with ~와 함께;
  clothes 의복; though 비록 ~ 일지라도; bathe 목욕하다; bother 괴롭히다

문법 설명

* be동사, 조동사의 의문문: 의문사 + Be(조동사) + 주어 ?
  (평서문에서의 be 동사나 조종사를 주어 앞으로 위치시킨다.)

Speaking First, Listening Second!

예문)

Is he there?	그 사람 거기 있습니까?
Is she there?	그 여자 거기 있습니까?
Are they there?	그들은 거기 있습니까?
Is everybody there?	모두 거기 있습니까?
Can you speak English?	당신 영어 말할 수 있습니까?
Will he go there?	그 사람 거기에 갈 겁니까?
Will she stay there?	그 여자 거기에 머물 겁니까?

발음 설명

* ð [ㅅ드]와 θ [ㄷ쓰]의 발음 추가 연습

ð [ㅅ드] farther 더 멀리; farthest 가장멀리; further 한층 더; rhythm 리듬, 장단; worthy 가치 있는; feather 깃털; leather 가죽; bathing suit 수영복; wither 시들다; breathe 호흡하다;

θ [ㄷ쓰] south 남쪽; north 북쪽; thing 것, 물건; something 어떤 것; anything 무엇이든; nothing 아무것도 없음; mouth 입; thumb 엄지손가락; theater 극장; throw 던지다; through ~을 통하여; theory 이론; method 방법; worth 가치; breath 호흡

문법 설명

* be동사, 조동사의 부정문 : 주어 + be동사(조동사) + not

예문)

There isn't anybody there.	거기에는 아무도 없습니다.
(앞의 There는 유도부사, 뒤의 there는 장소부사)	
I am not tired.	나는 피곤하지 않습니다.
She isn't unhappy.	그녀는 불행하지 않습니다.
I can't speak English very well.	나는 영어를 대단히 잘하지는 못합니다.
He won't go to church today.	그는 오늘 교회에 가지 않을 것입니다.
You must not smoke here.	당신은 여기서 담배를 피워서는 안 됩니다.

◆ 초 10-9 But nobody helps him. [버ㅌ 노우바리 헤어(으)ㄹㅍ씸]

초

어휘 설명

but[버ㅌ] 그러나; nobody[노우바리] 아무도 ~않다; help[헤어(으)ㄹㅍ] 돕다;
him[힘] 그를

발음 설명

helps him [헤어(으)ㄹㅍㅅ + 힘] = [헤어(으)ㄹㅍ씸]

예문)

Nobody helps me.	아무도 나를 돕지 않는다.
Nobody helps you.	아무도 너를 돕지 않는다.
Nobody helps her.	아무도 그녀를 돕지 않는다.
Nobody helps us.	아무도 우리를 돕지 않는다.
Nobody helps them.	아무도 그들을 돕지 않는다.

중

발음 설명

helps you[헤어(으)ㄹㅍ슈]; helps her[헤어(으)ㄹㅍ써ㄹ];
helps us[헤어(으)ㄹㅍ써ㅅ] helps them[헤어(으)ㄹㅍㅅ ㅅ데ㅁ]

문법 설명

* 3인칭 단수 현재에는 동사에 −s 나 −es를 붙인다.

예문)

I help him.	나는 그를 돕는다.
You help her.	당신은 그녀를 돕는다.

Speaking First, Listening Second!

He helps me.	그는 나를 돕는다.
She helps you.	그녀는 당신을 돕는다.
We help them.	우리는 그들을 돕는다.
They help us.	그들은 우리를 돕는다.

고

발음 설명

help him[**헤**어(으)ㄹ삐ㅁ]; help her[**헤**어(으)ㄹ뻐ㄹ]; help us[**헤**어(으)ㄹ뻐ㅅ];
help them[**헤**어(으)ㄹ ㅅ데ㅁ]

문법 설명

* 과거 시제 : 과거 어느 시점에 발생한 동작은 과거형을 쓴다.

예문)

Nobody helped him.	아무도 그를 돕지 않았다.
Nobody helped me.	아무도 나를 돕지 않았다.
Nobody helped you.	아무도 너를 돕지 않았다.
Nobody helped her.	아무도 그녀를 돕지 않았다.
Nobody helped us.	아무도 우리를 돕지 않았다.
Nobody helped them.	아무도 그들을 돕지 않았다.

◆ 초 10–10 Nobody likes the food. [**노우바**리 **ㄹ라**이ㅋㅅ **ㅅ더 프후**ㄷ]

초

<어휘 설명>

nobody[**노우바**리] 아무도 ~않다; like[**ㄹ라**이ㅋ] 좋아하다;
the[**ㅅ더**] 그(정관사); food[**프후**ㄷ] 음식

발음 설명

likes [ㄹ라이크스]

예문)

I like the food.	나는 그 음식을 좋아한다.
You like the food.	너는 그 음식을 좋아한다.
He likes the food.	그는 그 음식을 좋아한다.
She likes the food.	그녀는 그 음식을 좋아한다.
We like the food.	우리는 그 음식을 좋아한다.
They like the food.	그들은 그 음식을 좋아한다.

중

발음 설명

* 설측음 l (clear l) 추가 연습

love 사랑하다; lion 사자; live 살다; long 긴; little 작은; light 빛; leader 지도자

문법 설명

* 3인칭 단수 현재에는 동사에 −s 나 −es를 붙인다.
* 소유격 : my 나의; your 너의, 너희들의; his 그의; her 그녀의; its 그것의
  our 우리들의; their 그들의

예문)

I do my best.	나는 최선을 다한다.
You do your best.	너는 최선을 다한다.
He does his best.	그는 최선을 다한다.
She tries her best.	그녀는 최선을 다한다.
We try our best.	우리는 최선을 다한다.
They try their best.	그들은 최선을 다한다.

Speaking First, Listening Second!

고

발음 설명

liked[ㄹ라이ㅋㅌ 미] me; liked you[ㄹ라이ㅋ 뜌]; liked him[ㄹ라이ㅋ 띠ㅁ];
liked her[ㄹ라이ㅋ 떠ㄹ]; liked us[ㄹ라이ㅋ 떠스]; liked them[ㄹ라이ㅋ ㅅ데ㅁ]

문법 설명

* 과거 시제 : 과거 어느 시점에 발생한 동작은 과거형을 쓴다.
* 소유물 대명사 : mine 나의 것; yours; 너의 것; his; 그의 것; hers 그녀의 것
  ours 우리들의 것; theirs 그들의 것

예문)

I liked you.	나는 너를 좋아했다.
You liked me.	너는 나를 좋아했다.
He liked her.	그는 그녀를 좋아했다.
She liked him.	그녀는 그를 좋아했다.
We liked them.	우리는 그들을 좋아했다.
They liked us	그들은 우리를 좋아했다.

Speaking First, Listening Second!

Speaking First, Listening Second!

LIVE ECONOMY FOREIGN LANGUAGE ASSOCIATION

세계 최초 Speaking & Listening 전문 훈련 및 기능성 자격 검정

LEFA 초급 9급

(LEFA Basic Level 9)

101~200

〈강모음 + **ded** 패턴〉
[-디ㄷ → -리ㄷ]

초급
9

Key Words

avoided [əvɔ́idid]
[어ㅂ호이디ㄷ → 어ㅂ호이리ㄷ]
피했다, 회피했다; 예방했다

provided [prəváidid]
[프뤄ㅂ하이디ㄷ → 프뤄ㅂ하이리ㄷ]
~ 을 조건으로 하여, 만일 ~라면

guided [gáidid]
[가이디ㄷ → 가이리ㄷ]
안내를 받은; 유도된; 안내했다, 지도했다

added [ǽdid]
[애디ㄷ → 애리ㄷ]
추가된, 부가된; 더했다; 합쳤다, 합계했다; 부언했다

regarded [rigá:rdid]
[뤼가:ㄹ디ㄷ → 뤼가:ㄹ리ㄷ]
~ 으로 여겼다; 평가했다; 존중했다

Speaking First, Listening Second!

101. He **avoided** an answer.	히 어ㅂ호이리러ㄴ 애ㄴ서ㄹ
102. It can't be **avoided**.	이ㅌ 캐ㄴㅌ 비 어ㅂ호이리ㄷ
103. Plenty of food was **provided**.	프ㄹ레니어 ㅍ후:뤄즈 프뤄ㅂ하이리ㄷ
104. Refreshments are **provided**.	뤼ㅍ흐뤠쉬머ㄴ써ㄹ 프뤄ㅂ하이리ㄷ
105. I **guided** him to his chair.	아이 가이리리ㅁ 두이ㅈ 췌어ㄹ
106. The stars **guided** us back.	ㅅ더 스따:ㄹㅈ 가이리러ㅅ 배ㅋ
107. She **added** some water.	쉬 애리ㄷ 써ㅁ 우오:(와)러ㄹ
108. She **added** sugar to tea.	쉬 애리ㄷ 슈거ㄹ 투(두/루) 티:
109. I **regarded** him as a fool.	아이 뤼가:ㄹ리리매저 ㅍ후:ㄹ
110. She **regarded** the picture.	쉬 뤼가:ㄹ리ㅅ더 피ㅋ쳐ㄹ

101. 그는 대답을 피했습니다.	**106.** 우리는 별들의 안내를 받으며 돌아왔어요.
102. 그건 피할 수 없어.	**107.** 그녀는 물을 조금 추가 했습니다.
103. 음식이 푸짐하게 제공되었습니다.	**108.** 그녀는 차에 설탕을 넣었다.
104. 간단한 식사가 제공됩니다.	**109.** 난 그를 바보로 여겼어요.
105. 나는 그를 의자로 안내했다.	**110.** 그녀는 그 그림을 유심히 바라보았습니다.

〈강모음 + ded 패턴〉
[-디ㄷ → -리ㄷ]

Key Words

preceded [prisí:did] [프뤼시:디ㄷ → 프뤼씨:리ㄷ]
앞섰다; 먼저 일어났다; ~보다 우월했다

graded [gréidid] [그뤠이디ㄷ → 그뤠이리ㄷ]
단계적인; ~을 등급별로 나누었다, 선별했다

headed [hédid] [헤디ㄷ → 헤리ㄷ]
나아갔다; ~로 향하게 했다; ~의 선두에 섰다;

-headed [hédid] (복합어를 이루어) 머리가-인, -머리의

sided [sáidid] [사이디ㄷ → 싸이리ㄷ]

-sided [sáidid] (복합어를 이루어) ~의 면[측면, 변]을 가진

collided [kəláidid] [커ㄹ라이디ㄷ → 커ㄹ라이리ㄷ]
충돌했다, 부딪쳤다; 충돌시켰다

Speaking First, Listening Second!

111. The thunder **preceded** a heavy rain.
ㅅ더 ㄷ서ㄴ더ㄹ 프뤼씨:리러 헤ㅂ히 뤠이ㄴ

112. She **preceded** me in the job.
쉬 프뤼씨:리ㄷ 미 이너 자ㅂ

113. This pen **graded** B.
ㅅ디ㅅ 페ㄴ 그뤠이리ㄷ 비

114. They are **graded** 1, 2, and 3.
ㅅ데이아:ㄹ 그뤠이리ㄷ 워ㄴ, 투, 으ㄴ ㄷ스뤼:

115. I'm **headed** for home.
아이ㅁ 헤리ㄷ 포호:ㄹ 호우ㅁ

116. Where are you **headed**?
웨어뤄ㄹ 유 헤리ㄷ

117. That's too one-sided.
ㅅ대ㅆ 투: 워ㄴ 싸이리ㄷ

118. One-sided love is so painful.
워ㄴ싸이리ㄷ ㄹ러ㅂ히쏘 페이ㄴ 프허ㄹ

119. Two motorcars **collided**.
투 모우러ㄹ카:ㄹ즈 커ㄹ라이리ㄷ

120. The cars **collided** with each other.
ㅅ더 카:ㄹ즈 커ㄹ라이리뤼ㅅ디:취 어ㅅ더ㄹ

111. 큰 비에 앞서 천둥이 울렸다.

112. 그 직장에서는 그녀가 나보다 위였다.

113. 이 펜은 B급이었다.

114. 그것들은 1, 2, 3으로 등급이 매겨진다.

115. 집에 가는 중이야.

116. 어디로 가십니까?

117. 그건 너무 일방적인 생각이에요.

118. 짝사랑은 너무 힘들어요.

119. 두 대의 자동차가 충돌했다.

120. 자동차가 서로 부딪쳤다.

⟨강모음 + ded 패턴⟩
[-디ㄷ → -리ㄷ]

Key Words

- **inclu****ded** [inklú:did]   [이ㄴ크ㄹ루:디ㄷ → 이ㄴ끄ㄹ루:리ㄷ]
  함유된, 포함된; ~을 포함했다

- **exclu****ded** [iksklú:did]   [이ㅋ스크ㄹ루:디ㄷ → 이ㅋ스끄ㄹ루:리ㄷ]
  차단했다; 제외했다

- **clou****ded** [kláudid]   [크ㄹ라우디ㄷ → 크ㄹ라우리ㄷ]
  구름에 덮힌, 흐린, (머리 등이)멍한

- **inva****ded** [invéidid]   [이ㄴㅂ헤이디ㄷ → 이ㄴㅂ헤이리ㄷ]
  침략했다; 밀어닥쳤다, 몰려들었다

- **conclu****ded** [kənklú:did]   [커ㄴ크ㄹ루:디ㄷ → 커ㄴ크ㄹ루:리ㄷ]
  끝냈다; 결론지었다

Speaking First, Listening Second!

121. What's **included** in the gift?

와씨ㄴ끄ㄹ루:리리너 기ㅍ흐ㅌ

122. The list **included** her name.

ㅅ더 ㄹ리ㅅ띠ㄴ끄ㄹ루:리러ㄹ 네이ㅁ

123. What is **excluded**?

와리지ㅋㅅ끄ㄹ루:리ㄷ

124. He was **excluded** from membership.

히 워지ㅋㅅ끄ㄹ루:리ㄷ ㅍ흐러 메ㅁ버ㄹ쉬ㅍ

125. The sky **clouded** over.

ㅅ더 스까이 크ㄹ라우리로우ㅂ허ㄹ

126. The room is **clouded** with smoke.

ㅅ더 루미ㅈ 크ㄹ라우리뤼ㅅㄷ 스모우ㅋ

127. Japan **invaded** Korea.

저페니ㄴ ㅂ헤이리ㄷ 커(코)뤼:어

128. The children **invaded** the kitchen.

ㅅ더 취ㄹ드뤄니ㄴㅂ헤이리ㅅ더 키쳐ㄴ

129. I **concluded** not to go.

아이 커ㄴ끄ㄹ루:리ㄷ 나투 고우

130. The meeting **concluded** at 8 o'clock.

ㅅ더 미:리ㄴ 커ㄴ끄ㄹ루:리래레이러끄ㄹ라ㅋ

121. 선물 안에는 뭐가 들어있습니까?	**126.** 방안이 연기로 자욱합니다.
122. 그 명단에는 그녀의 이름도 들어 있었다.	**127.** 일본이 한국을 침략했다.
123. 제외된 건 뭔가요?	**128.** 아이들이 주방으로 몰려들었다.
124. 그는 회원에서 제명되었습니다.	**129.** 난 가지 않기로 결론지었다.
125. 하늘에 구름이 잔뜩 끼었다.	**130.** 그 회의는 8시에 끝났습니다.

〈강모음 + ter 패턴〉
[-터ㄹ → -러ㄹ]

Key Words

water [wɔ́:tər]　　　[워터ㄹ → 워러ㄹ]

물; 음료수; (보통 the ~s) 바다; 눈물, 땀, 오줌, 침

computer [kəmpjú:tər]　　　[컴퓨터ㄹ → 컴 뿨러ㄹ]

전자계산기, 컴퓨터, 계산기, 계산자

daughter [dɔ́:tər]　　　[도:터ㄹ → 다(도):러ㄹ]

딸, (사건, 시대의 정신적 소산인)여자

writer [ráitər]　　　[롸이터ㄹ → 롸이러ㄹ]

저자; 필기자; 기자; 작곡가

theater [θí:ətər]　　　[ㄷ씨:어터ㄹ → ㄷ씨:어러ㄹ]

극장; (the ~) 연극; 계단식 강당[교실]

Speaking First, Listening Second!

131. Who is drinking **water**?	후 이ㅈ 드(쥬)뤼ㄴ끼ㄴ 워러ㄹ
132. I'd like a glass of **water**.	아이드 ㄹ라이꺼 그ㄹ래서ㅂㅎ 워러ㄹ
133. I like **computer** games.	아이 ㄹ라이ㅋ 컴쀼러ㄹ 게이ㅁㅈ
134. He has a **computer**.	히 해저 컴쀼러ㄹ
135. I have a son and two **daughters**.	아이 해ㅂ허 써느ㄴ 투 다(도):러ㄹㅈ
136. She is playing with her **daughter**.	쉬 이ㅈ 프ㄹ레이뉘ㅅ더ㄹ 다(도):러ㄹ
137. She wants to be a **writer**.	쉬 와(우오:)ㄴ씨 투비어 롸이러ㄹ
138. He is known as a **writer**.	히 이ㅈ 노우내저 롸이러ㄹ
139. They are at a **theater**.	ㅅ데이 아:뢔러 ㄷ씨:어러ㄹ
140. She's in front of the **theater**.	쉬지ㄴ 프흐뤄너ㅅ더 ㄷ씨:어러ㄹ

131. 누가 물을 마시고 있나요?	**136.** 그녀는 딸과 놀고 있어.
132. 내게 물 한 잔 주세요.	**137.** 그녀는 작가가 되기를 원합니다.
133. 난 컴퓨터 게임을 좋아해.	**138.** 그는 작가로 알려져 있다.
134. 그는 컴퓨터를 가지고 있다.	**139.** 그들은 극장에 있어요.
135. 전 아들 하나와 딸 둘이 있어요.	**140.** 그녀는 극장 앞에 있다.

〈강모음 + ter 패턴〉
[-터ㄹ → -러ㄹ]

Key Words

- **sweater** [swétər] [스웨터ㄹ → 스웨러ㄹ]

  스웨터; 땀 흘리는 사람; 발한제

- **meter** [míːtər] [미ː터ㄹ → 미ː러ㄹ]

  미터; (전기·가스의) 계량기, 계기

- **fighter** [fáitər] [프화이터ㄹ → 프화이러ㄹ]

  전투기; 전사, 투사; 프로 권투 선수

- **greater** [gréitər] [그뤠이터ㄹ → 그뤠이러ㄹ]

  ~보다 큰(↔ lesser)

- **later** [léitər] [ㄹ레이터ㄹ → ㄹ레이러ㄹ]

  더 늦은, 더 뒤의; 더 최근의; 뒤에, 나중에

Speaking First, Listening Second!

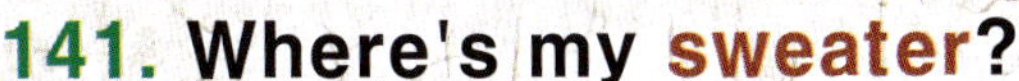

141.	Where's my **sweater**?	웨어ㄹㅈ 마이 스웨러ㄹ
142.	She has a **sweater** on.	쉬 해저 스웨러론
143.	The snow is one **meter** deep.	ㅅ더 스노우이ㅈ 워ㄴ 미러ㄹ 디:ㅍ
144.	It can jump twelve **meters**.	이ㅌ 크ㄴ 저ㅁㅍ 트웨ㄹㅂㅎ 미러ㄹㅈ
145.	He wants to be a fire **fighter**.	히 완(우오:)ㄴㅆ 투비어ㅍ 하이어ㄹ ㅍ화이러ㄹ
146.	He is a **fighter** for freedom.	히 이저 ㅍ화이러ㄹ ㅍ호:ㄹ ㅍ흐뤼:더ㅁ
147.	You should make **greater** efforts.	유 셔(슈)ㄷ 메이ㅋ 그뤠이러ㄹ 에ㅍ허ㄹㅆ
148.	You played a **greater** role.	유 ㅍㄹ레이러 그뤠이러ㄹ 로우ㄹ
149.	See you **later**.	씨: 유 ㄹ레이러ㄹ
150.	I'll tell you **later**.	아으ㄹ 테ㄹ류 ㄹ레이러ㄹ

141. 내 스웨터가 어디 있지?		**146.** 그는 자유의 투사다.	
142. 그녀는 스웨터를 입고 있다.		**147.** 넌 더 많은 노력을 해야 해.	
143. 눈이 1미터나 쌓였어요.		**148.** 네가 더 중요한 역할을 했어.	
144. 그것은 12미터를 점프할 수 있어.		**149.** 나중에 보자.	
145. 그는 소방관이 되기를 원한다.		**150.** 내가 너에게 나중에 말해 줄게.	

〈강모음 + tter 패턴〉
[-터ㄹ → -러ㄹ]

초급
9

Key Words

be*tter* [bétər]　　[베터ㄹ → **베러ㄹ**]

더 좋은; 더 좋은 것, 손윗사람, 선배; 더 좋게

le*tter* [létər]　　[ㄹ레터ㄹ → **ㄹ레러ㄹ**]

문사, 글자, 편지; 문학; 증서, 면허장, …증

ma*tter* [mǽtər]　　[매터ㄹ → **매러ㄹ**]

물질; 성질, 본질; 자료, 재료, (미술)재질; 중요함

bu*tter* [bʌ́tər]　　[버터ㄹ → **버러ㄹ**]

버터; 버터를 바르다; 아첨하다; 부딪치는 사람

bi*tter* [bítər]　　[비터ㄹ → **비러ㄹ**]

쓴; 격심한, 가엾은, 비참한, 모진; 쓴맛

Speaking First, Listening Second!

151. Are you feeling **better** now?	아:ㄹ 유 피히:ㄹ리ㄴ 베러ㄹ 나우
152. The sooner, the **better**.	ㅅ더 쑤:너ㄹ, ㅅ더 베러ㄹ
153. She is writing a **letter**.	쉬 이ㅈ 롸이리너 ㄹ레러ㄹ
154. He is sending a **letter**.	히 이쎄ㄴ딩 어(쎄니너) ㄹ레러ㄹ
155. It doesn't **matter**.	이ㅌ 더즈ㄴㅌ 매러ㄹ
156. What's the **matter** with you?	와ㅆ ㅅ더(와써) 매러ㄹ 위ㅅ듀
157. Please hand me the **butter**.	프리:ㅈ 해ㄴ드 미 ㅅ더 버러ㄹ
158. Spread bread with **butter**.	스쁘뤠ㄷ 브뤠ㄷ 위ㅅㄷ 버러ㄹ
159. It's **bitter**.	이ㅆ 비러ㄹ
160. Failure is **bitter**.	포헤이ㄹ려뤼ㅈ 비러ㄹ

151. 너 지금은 좀 괜찮니?	**156.** 무슨 일 있어?
152. 빠르면 빠를수록 좋다.	**157.** 버터 좀 건네주세요.
153. 그녀는 편지를 쓰고 있습니다.	**158.** 빵에 버터를 발라 주세요.
154. 그는 편지를 부치고 있다.	**159.** 맛이 쓰네요.
155. 상관없습니다./문제되지 않습니다.	**160.** 실패는 쓰다.

Unit 8

〈강모음 + tor 패턴〉
[-터ㄹ → -러ㄹ]

Key Words

creditor [kréditər] [크뤠디터ㄹ → 크뤠리러ㄹ]

채권자, 대변

debtor [détər] [데터ㄹ → 데러ㄹ]

채무자, 차변

creator [kriéitər] [크뤼-에이터ㄹ → 크뤼-에이러ㄹ]

창조자, 창작자, 창설자, 조물주, 신

visitor [vízitər] [뷔지터ㄹ → 뷔지러ㄹ]

방문자, 손님

elevator [éləvèitər] [에ㄹ러ㅂ훼이터ㄹ → 에ㄹ러ㅂ훼이러ㄹ]

승강기, 곡물창고

Speaking First, Listening Second!

161. I am his **creditor**.

아이 애미ㅈ 크뤠리러ㄹ

162. He paid off his **creditors**.

히 페이로:ㅍ히ㅈ 크뤠리러ㄹ

163. He is my **debtor**.

히 이ㅈ 마이 데러ㄹ

164. Korea was a **debtor** country.

커(코)뤼:어 워저 데러ㄹ 커ㄴ트(츄)뤼

165. He is the original **creator**.

히 이ㅈ ㅅ더 어뤼저느ㄹ 크뤼에이러ㄹ

166. She's the **creator** of the work.

쉬ㅈ ㅅ더 크뤼에이러뤄ㅂ흐 ㅅ더 워:ㄹㅋ

167. She welcomed her **visitor**.

쉬 웨ㄹ커ㅁ더ㄹ ㅂ히지러ㄹ

168. He's a casual **visitor**.

히저 캐주어ㄹ ㅂ히지러ㄹ

169. Take this **elevator**.

테이ㅋ ㅅ디ㅅ 에ㄹ러ㅂ헤이러ㄹ

170. You can use the **elevator** here.

유ㅋㄴ 유:ㅈ ㅅ더 에ㄹ러ㅂ헤이러ㄹ 히어ㄹ

161. 나는 그의 채권자이다. (나는 그에게 채권이 있다.)	**166.** 그녀가 그 작업의 제작자입니다.
162. 그는 채권자에게 빚을 모두 갚았다.	**167.** 그녀는 방문객을 환영했다.
163. 그는 나의 채무자이다. (그는 나에게 채무가 있다.)	**168.** 그는 어쩌다가 찾아오는 사람입니다.
164. 한국은 채무국이었다.	**169.** 이 엘리베이터를 타라.
165. 그가 원래의 창안자입니다.	**170.** 이곳에 있는 엘리베이터 사용 하시면 됩니다.

⟨강모음 + ty 패턴⟩
[-티 → -리]

초급
9

Key Words

eighty [éiti]

[에이티 → 에이리]

80(여든)(의), 80년대

duty [djúːti]

[듀:티 → **듀:리**]

의무, 책임; 직무, 임무, 일; 관세, 조세

city [síti]

[시티 → **씨리**]

(town보다 큰)도시, 도회, 시, 전 시민

ability [əbíləti]

[어비ㄹ러티 → 어비ㄹ러리]

할 수 있음; 능력, 수완; (타고난) 재주, 재능

society [səsáiəti]

[서사이어티 → 써**싸**이어리]

사회, 지역 사회; 사교, 교제; 협회, 학회

Speaking First, Listening Second!

171. He is **eighty** years old.
히 이ㅈ 에이리 여ㄹㅈ 오우ㄹㄷ

172. I was born in **1980**.
아이 워ㅈ 보:ㄹ니ㄴ 나이ㄴ티:ㄴ에이리

173. He is on **duty**.
히 이조ㄴ 듀:리

174. She is off **duty** today.
쉬 이조:ㅍㅎ 듀:리 터데이

175. I love the **city**!
아이 ㄹ러ㅂㅎ ㅅ더 씨리

176. It's near **city** hall.
이쓰 니어ㄹ 씨리 호:ㄹ

177. Show me your **ability**.
쇼우 미 유어뤄비ㄹ러리

178. He is a man of **ability**.
히 이저 매너ㅂ허비ㄹ러리

179. We live in a modern **society**.
위 ㄹ리ㅂ히너 마러ㄹㄴ 써싸이어리

180. Our **society** is in disorder.
아우어ㄹ 써싸이어리 이지ㄴ 디쏘:ㄹ러ㄹ

171. 그분은 연세가 여든(80)이세요.	**176.** 그것은 시청 근처에 있습니다.
172. 나는 1980년에 태어났습니다.	**177.** 당신의 능력을 보여 주세요.
173. 그는 근무 중입니다.	**178.** 그는 능력 있는 사람입니다.
174. 그녀는 오늘 비번입니다.	**179.** 우리는 현대사회에 살고 있다.
175. 난 그 도시가 너무 좋아!	**180.** 우리의 사회는 무질서 속에 있다.

〈강모음 + ty 패턴〉
[-티 → -리]

Key Words

beauty [bjúːti] [뷰:티 → 뷰:리]

아름다움, 미, 미관; 아름다운 것, 미인, 아름다운 동물

university [jùːnəvə́ːrsəti] [유:너ㅂ허:ㄹ서티 → 유:너ㅂ허:ㄹ써리]

(송압) 내 학교

opportunity [àpərtjúːnəti] [아퍼ㄹ튜:너티 → 아뻐ㄹ튜:너리]

기회, 호기 (of)

responsibility [rispànsəbíləti] [뤼스판서비ㄹ러티 → 뤼스빤서비ㄹ러리]

책임, 책무, 의무

charity [tʃǽrəti] [채뤄티 → 채뤄리]

(성서에서 말하는)사랑, 자애, 자비, 관용, 자선(행위)

Speaking First, Listening Second!

181. She's a great **beauty**.

쉬저 그뤠이ㅌ 뷰:리

182. She runs a **beauty** shop.

쉬 뤄ㄴ저 뷰:리 샤ㅍ

183. Did you go to **university**?

디쥬 고우러 유:너ㅂ허:ㄹ써리

184. I attended Yensei **University**.

아이 어테니ㄷ 연세 유:너ㅂ허:ㄹ써리

185. This is an **opportunity**.

ㅅ디ㅅ 이저ㄴ 아뻐ㄹ튜:너리

186. You had the **opportunity**.

유 해ㄷ ㅅ더 아뻐ㄹ튜:너리

187. This is my **responsibility**.

ㅅ디ㅅ 이ㅈ 마이 뤼스빤서비ㄹ러리

188. You have a **responsibility**.

유 해ㅂ허 뤼스빤서비ㄹ러리

189. She lives on **charity**.

쉬 ㄹ리ㅂㅎ조ㄴ 채뤄리

190. **Charity** begins at home.

채뤄리 비기ㄴ재ㅌ 호우ㅁ

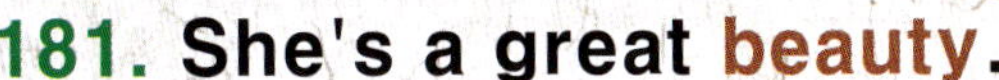

181. 그녀는 대단한 미인입니다.	**186.** 당신에게는 기회가 있었습니다.
182. 그녀는 미용실을 운영합니다.	**187.** 이건 내 책임이야.
183. 당신은 대학에 다녔습니까?	**188.** 너에게는 책임이 있어.
184. 나는 연세대학교에 다녔습니다.	**189.** 그녀는 구호품으로 살아간다.
185. 이건 기회에요.	**190.** 자선은 가정에서부터 시작됩니다.

〈기타 강모음 + t + 약모음 패턴〉

초급
9

Key Words

- **hospital** [háspitl]　　　　[하스피트ㄹ → 하스삐르르]

  병원; 가축병원; (물건의) 수선소, 수리소

- **capital** [kǽpitl]　　　　[캐퍼트ㄹ → 캐뻐르르]

  주요한; 대문자인; 자본의; 수도; 대문자; 자본

- **Capitol** [kǽpətl]　　　　[캐퍼트ㄹ → 캐뻐르르]

  미(美)국회의사당　　　cf.) capitol 신전

- **autumn** [ɔ́ːtəm]　　　　[오:터ㅁ → 아:러ㅁ]

  가을

- **datum** [déitəm]　　　　[데이터ㅁ → 데이러ㅁ] 논거, 자료, 데이터

  data [déitə]　　　　[데이터 → 데이러] 데이터, 자료

Speaking First, Listening Second!

191. I was in **hospital**.
아이 워지ㄴ 하스삐르ㄹ

192. You'd better go to **hospital**.
유ㄷ 베러ㄹ 고우러 하스삐르ㄹ

193. Paris is the **capital** of France.
패뤼ㅅ 이ㅈ ㅅ더 캐뻐르ㄹ러 ㅍㅎ뢘ㅅ

194. What is the **capital** of Japan?
와리ㅅ ㅅ더 캐뻐르ㄹ러브ㅎ 저빼ㄴ

195. I'm going to the **Capitol**.
아이ㅁ 고이ㄴ두(거너, 고:너) ㅅ더 캐뻐르

196. Look at the **Capitol**.
ㄹ루깨ㅌ ㅅ더 캐뻐르

197. It's **autumn**.
이ㅆ 아:러ㅁ

198. The sky is high in **autumn**.
ㅅ더 스까이 이ㅈ 하이 이ㄴ 아:러ㅁ

199. What does the **data** show?
와러ㅈ ㅅ더 데이러 쇼우

200. I've lost all my **data**.
아이브ㅎ ㄹ로:ㅅㅌ 오:ㄹ 마이 데이러

191. 나 병원에 입원했었어.

192. 너 병원에 입원하는 게 좋겠다.

193. 파리는 프랑스의 수도이다.

194. 일본의 수도가 어디죠?

195. 나는 미(美)국회의사당으로 가는 중이야.

196. 미(美)국회의사당을 봐.

197. 가을입니다.

198. 가을에는 하늘이 높다.

199. 그 자료가 무엇을 보여줍니까?

200. 나는 내 자료를 전부 잃어버렸습니다.

초판 1쇄 인쇄 2010년 11월 15일
초판 1쇄 발행 2010년 11월 20일

저자 : 김경민
제작 : 김경훈, 김정빈
디자인 : 굿센스/정영신
영업기획/마케팅 : 김경훈, 안재홍
시스템기획/개발 : 이현국, 이명진
웹디자인/개발 : 김경민(女), 김혜성
경영/교육지원 : (사)생활경제외국어협의회/김경민, 이고은, 이수정
홍보/협력지원 : (사)한국영어문맹퇴치운동본부/성하현, 지영희
              (사)창조적봉사자그룹/노은영
자격증 검정시험 : LEFA외국어평가원/안재홍, 김용남

펴낸이 : 김경훈
펴낸곳 : 원더씨
주소 : 인천시 남동구 구월동 1264번지 퍼스트하임프라자 224호
전화 : 1588-9796(대)
팩스 : 032-471-5566
E-mail : lefakorea@lefa.ac   curi070@paran.com
홈페이지 : www.lefa.ac   www.e-lefa.com
출판등록 : 2010년10월29일 제2010-000018
인쇄.제본 : 그린나래문화사

ISBN : 978-89-965389-5-0 44740
       978-89-965389-6-7 44740 전5권

자격증서

Live Economy Foreign Language Association

Certificate of Qualification

자 격 증 번 호 :
성   명 :
주민등록번호 :
등   급 :

The person stated above has successfully passed the qualification test for English Speaking & Listening ability, and can speak fluently and hear exactly (Intermediate English Sentences). Therefore Live Economy Foreign Language Association is hereby conferring this certificate of qualification.

위 사람은 법률 제 5314 호 자격기본법, 대통령령 제 15453 호 시행령 및 본 협회 정관 제 4 조 15 호에 따라 본 협회에서 실시하는 외국어 교육을 성실히 이수하고 상기 영어 부문 제   급 자격 검정시험에 합격하여   문장을 유창하게 말할 수 있을 뿐만 아니라 정확하게 들을 수 있는 능력이 있으므로 이 증서를 수여합니다.

20   년   월   일

외국어능력자격검정원

FOREIGN LANGUAGE ABILITY QUALIFICATION INSTITUTE

위 사람은 상기 자격관리기관이 실시한 소정의 자격검정을 거쳐
자격을 취득하였음을 인증합니다.

자격증서

Live Economy Foreign Language Association

Certificate of Qualification

자 격 증 번 호 :
성　　　 명 :
주민등록번호 :
등　　　 급 :

The person stated above has successfully passed the qualification test for English Speaking & Listening Trainer. Therefore Live Economy Foreign Language Association is hereby conferring this certificate of qualification.

위 사람은 법률 제 5314호 자격기본법, 대통령령 제 15453호 시행령 및 본 협회 정관 제 4조 15호 에 따라 본 협회에서 실시하는 외국어 교육 및 영어 영재 훈련 지도사 과정을 성실히 이수하고 자격 검정시험에 합격하여 상기의 자격이 있다고 인정하므로 증서를 수여합니다.

20　년　　 월　 일

외국어능력자격검정원

FOREIGN LANGUAGE ABILITY QUALIFICATION INSTITUTE

위 사람은 상기 자격관리기관이 실시한 소정의 자격검정을 거쳐
자격을 취득하였음을 인증합니다.